講談社選書メチエ

563

町村合併から生まれた日本近代

明治の経験

松沢裕作

MÉTIER

目次

はじめに　境界を持たない社会・境界を持つ権力

今日われわれが生きている世界は、無境界的な市場経済の暴力と、境界的な国家権力の暴力とが、相互に依存しながら猛威をふるうような世界である。

「国家」と「市場」

一方には「グローバル資本主義」の、飽くことなき利潤追求の衝動がある。利潤を得ることを目的とする資本にとって、国境というのは、計算されなければならないリスクとなることはあっても、本質的には無視しうる要素である。利潤を生み出す場所であれば、資本はどこで活動することもいとわない。市場とは本来的に世界市場なのであり[1]、境界を持たない。

ところがもう一方には、国家という、明確な境界を持った単位の重要性は、一向にその意味を減ずる気配を見せない。資本の自由の領域を拡大することに熱心であったいわゆる「新自由主義」の政治家たち、マーガレット・サッチャーにせよ、ロナルド・レーガンにせよ、ジョージ・ブッシュにせよ、小泉純一郎にせよ、自らが「愛国者」であることを否定するものは一人もいないであろう。むしろ、かれらの統治のもとでは国家的なシンボルやイデオロギーが強く打ち出され、人びとの自由は狭められていく傾向にすらある。ブッシュ政権が「愛国者法」[2]という名の法律によって人びとの私的な情報を収集しようとしたこと、また小泉純一郎首相が靖国神社参拝に異常な執念を見せ、近隣諸国との関係を悪化させてしまったことなどを思い起こせばじゅうぶんだろう。

なぜ、資本の活動は本来的には無境界的なものであるのに、資本主義社会というものは国家という境界によって区切られた権力を必要とするばかりか、より強める傾向にあるのであろうか。端的に言えば、グローバル資本主義はなぜグローバル政府を成立させないのであろうか。

この問いにこたえるためには、単に「国家」と「市場」の関係を見ているだけでは不十分である。「国家」や「市場」といったものを生み出すもともとのところにある、人びとの関係の取り結び方にまでさかのぼらなければならない。問題はもう一段抽象化される必要があるのである。つまり、問いはこうである。境界を持たない人びとの結びつきと、境界を持った政治権力とがともに成り立つような社会とはどのような社会なのか。ここで境界を持たない人びとの結びつきというのは「市場」にかぎらない。友達の友達もまた友達だ、というような人びとのつながりは、通常ははっきりした境界は持たないだろう。また境界を持つ政治権力、というのも、「国家」にかぎらない。「地方自治体」と呼ばれているような国家内部の諸団体も、今日のEU（ヨーロッパ連合）のような国家を超える団体も、明瞭な境界線、つまりその内部と外部を持っている。問題にされなければならないのは、「市場」と「国家」の関係だけではないのである。

結論から言えば、筆者は、そうした無境界性と境界性を両立させるような社会を「近代社会」と呼ぶことができると考える。わたしたちは、その意味でなお「近代社会」の内に生きている。

明確な境界を持ちながら、境界を持たない「市場」というものとかかわりを持ちつづける政治権力。わたしたちの生活は、今日、市場の機能に大きく依存している。もし、市場がわたしたちの生存にとって重大で切実な意味を持っているとすれば、そうした境界を持たない市場に勝手に明確な境界を引いてしまう政治権力は、わたしたちの生活にとって、無意味で空虚な存在ということになろう。無意味で空虚で、しかし明確な境界を持つ空間が権力の主体となりうるのは、その権力が及ぼす作用が、市場という不明瞭で不定形で、しかし切実な社会関係にとって重要な意味を持っているからではないのか。本書では、こうした仮説について考えてゆきたい。

本書は、一見非常に遠回りに見えるかもしれないが、明治前半期、一九世紀の後半に日本でおこなわれた「町村合併」という現象に注目する。明治前半期の日本は、経済活動の自由が大幅に認められ、境界を越えた資本の活動が活発化した時代であった。同時に、明治前半期の日本は、国民の統合が推し進められ、人びとが国家への帰属意識を持つことを強く求められた時代でもあった。この無境界的な資本の自由と、境界的な国家の並立が誕生したその時代、人びとの生活に密接したところで起きた事件が「町村合併」、つまり、江戸時代以来の町村を合併し、新しい町村を作り出す、つまり新たな境界線を社会に引いていく、という作業だった。

国家という単位は、人びとにとって自明の存在となりやすく、社会に境界を引く、という行為の意味をしばしば覆い隠してしまう。しかし、町村（今日ならば市町村）の存在の自明性は国家ほど強くない。明治前半期に町村合併がおこなわれた、ということの意味を考えていけば、近代社会が成立する際の、社会に境界線を引いていくことの意味が明らかになっていくのではないか。それは「国家」と「市場」という問題によこたわっている、無境界的な社会関係と境界的な政治権力、という問題を、より根本的に問い直すことを可能にするのではないか。本書が「町村合併」を主題として選ぶのは、そうした理由からである。

「三大合併」

平成一一（一九九九）年七月、地方分権一括法のひとつとして「市町村の合併の特例に関する法律」が改正され、それをきっかけにして、全国で大規模な市町村合併が進行したことは記憶に新しい。平成一一年三月三一日現在、全国で三二三二を数えた市町村は、平成二二（二〇一〇）年三月三一日までに一七二七まで減少した（総務省ホームページ）。読者のなかにも、この間の合併によって住所の表示の変更を経験された方が少なくないであろう。この一一年のあいだに進行した市町村合併が、いわゆる「平成の大合併」である。

このような一連の合併を、「平成の大合併」と呼ぶのは、かつての「明治の大合併」「昭和の大合併」とならんで、この合併が近代日本における「三大合併」のひとつである、という理解が前提となっている。

表0―1をご覧いただきたい。明治七（一八七四）年、日本国内の「村」「町」と名前がついている単位（あるいはそれに類する単位）の総数は七万八二八〇であった。これが一一年後の明治一八（一

八八五）年には七万一九〇六となり、明治二二（一八八九）年に一万五八五九に激減する。その後は戦後まで緩やかに減少をつづけ、昭和三一（一九五六）年に三九七五と再度激減し、ふたたび約四〇年ほど横ばいがつづいたのち、一九九九年からの「平成の大合併」を迎える。つまり、市町村の数は、明治の中頃に約五分の一となり、第二次世界大戦後にその約四分の一となり、二一世紀に入ってからさらにその約半分に減少したわけである。この明治の中頃の減少をもたらした合併がいわゆる「明治の大合併」であり、戦後の合併が「昭和の大合併」である。

年	（市）町村数
1874（明治７）年	78280
1885（明治18）年	71906
1888（明治21）年	71314
1889（明治22）年	15859
1945（昭和20）年	10520
1956（昭和31）年	3975
1985（昭和60）年	3253
2004（平成16）年	3100
2006（平成18）年	1831
2013（平成25）年	1719

出典：荒木田岳「『大区小区制』下の町村合併と郡区町村編制法」、『内務省統計報告』、『地方財政要覧』および総務省ホームページ。

表０—１　町村数の変化

「明治の大合併」とは、明治二二（一八八九）年四月一日、「市制町村制」という法律が施行されるのにともない、全国で実施された町村合併である。「市制町村制」は、その前年、明治二一（一八八八）年四月二五日に公布された法律であり、大都市部を対象とする「市制」と、それ以外の地域を対象とする「町村制」の二つの部分から構成されている（ちなみに「市」という名称はこの法律ではじめて登場する）。「市制町村制」は施行まで一年間の猶予期間がおかれ、実質的にはその一年のあいだに全国各府県で町村合併が強行されたのである（北海道・沖縄・島嶼《とうしょ》部には適用されず）。現在でも農村部では、「大字《おおあざ》」という単位が市町村の下に残されているが、この「大字」は多くの場合、「明治の大合併」で合併される以前の村の範囲と一致しており、しばしば江戸時代の村の範囲とも一致する。

つづく「昭和の大合併」とは、昭和二八（一九五三）年の町村合併促進法が、その第三条で町村はおおむね人口八〇〇〇人を標準とすることを定めたのにもとづき、同年一〇月三〇日の閣議決定「町村合併促進基本計画」が、町村数を約三分の一に減少させる方針を掲げたことによって推進された市町村合併であり、昭和三六（一九六一）年までに一段落を見ている。

ともあれ、数値から見るかぎり、「平成の大合併」が、この二つの合併とならぶ「三大合併」であることに疑いをはさむ余地はない。

「三大合併史観」が覆い隠すもの

しかし、近代日本が経験したこの三つの市町村合併を、単なる並列の関係におき、時代の変化に応じた三つの大合併を通じて、市町村の規模が順次拡大してきたのだ、と考える見方は、歴史学の立場からは大きな問題を抱えている。

そのような「三大合併史観」の典型的な見方が、それぞれの市町村合併の規模の標準が学校を財政的に支える単位になっているという考え方である。この考え方によれば、「明治の大合併」の合併標準、一町村＝五〇〇戸という数値は、ひとつの町村でひとつの小学校を維持するために必要な大きさであり、「昭和の大合併」の一町村人口八〇〇〇人という標準は、戦後設置された新制中学校ひとつを町村で維持するための最低限の規模であったということになる。そのうえで、それでは現代の市町村の規模は、何を基準にして決められるべきなのかと、行政学者や地方自治に携わる実務家は議論している。[4]

しかし、この小学校・中学校と市町村規模を結びつける説明は、歴史的には俗説にすぎない。「明治の大合併」の際に合併規模が小学校の設置単位を基準として論じられたという事実は、のちに見るとおり、まったく存在しない。また「昭和の大合併」に際しても、人口八〇〇〇人という基準について国会で質問を受けた地方自治庁次長鈴木俊一《すずきしゅんいち》（後の東京都知事）は、社会福祉行政を引き合いにだして、社会福祉主事という専門職員を一人置くための最低基準を「はじき出して行って」得られる数字がおよそ八〇〇〇であり、社会福祉にかぎらず、衛生、産業、経済といった行政の各分野で専門職員を一人置くことができるだけの町村の規模が人口八〇〇〇人だという説明をしている。[5]中学校に結びつけた説明はしていない。そして実際には、新たに創出された合併町村を基準として小中学校の統合が進むのであり、話はむしろ逆である。[6]

小学校が明治の大合併を生み、中学校が昭和の大合併を生んだという「神話」の根底には、二つの合併を、規模こそ違うものの、本質においては同じ「合併」だとする見方がある。こうした見方が、歴史的事実を誤って認識してしまう危険性を、この「神話」は示している。「三大合併」を比較する前に、まずはそれぞれの合併の歴史的文脈を理解することが重要なのである。

友人の古代史研究者と雑談をしていたときに、「村とは何か?」という話題になり、友人に「史料に『村』って書いてあるのが、『村』だろ」と言われたことがある。それは歴史学者としてはまことに正しい立場なのであるが、逆にいえば「史料に『村』と書いてあるからといって、『村』という名前のついている組織が全部同じような性格を持っているとはかぎらない」ということでもある。古代の史料に「村」としてあらわれる何ものかの組織と、現在われわれが住んでいる市町村とを単純に比較しようとする人はいないだろうが、同じ「市町村合併」だからといって、三つの町村合併を単純に比較可能な同一の出来事だと考えるのは、じつは古代の「村」と現在の「村」をいきなり比較しようとする態度とあまり変わらないのである。

「三大合併」の単純な比較は、以上のように、それぞれの合併の歴史的文脈を覆い隠してしまうが、それだけではなく、町村合併を研究することによって得られるより豊かな認識を覆い隠してしまう。

そもそも、われわれが暮らす市町村、言い換えれば現在の「地方自治体」とは何であろうか。たとえば私が「××市」に暮らしており、その「××市」は「〇〇県」のなかにある。そしてこの「〇〇県」は「日本国」の一部であり、「日本国」はこの地球という空間に属している。現在この「地球」を越える以上の社会的なつながりは存在しないが、思考上の実験としては、もしいつの日か宇宙人とのあいだに何らかの外交（？）関係が発生すれば、地球を越える宇宙空間がひとつの社会的単位になる可能性もあるだろう。

われわれ一人ひとりの個人は、私—「××市」—「○○県」—「日本国」—地球、という同心円の中心に位置しており、それぞれのレベルに応じて、強い、あるいは弱いアイデンティティを持っている。「××市民」「○○県民」であることに強いこだわりがある人もいるだろうし、転居をくりかえして特定の市や県に所属意識がない人もいるだろう。自らが「日本人」だというアイデンティティを持つ人は多いだろうが、「国境を越えて」活躍する人は、国家などという「狭い」単位には興味がないかもしれない。とはいえ、そんな「国際人」も、宇宙人が到来すれば「地球人」としてのアイデンティティに目覚めてしまうこともあるだろう。

そしてこのような同心円状の世界においては、それぞれの個人が引く円の位置がまちまちであっては、それぞれの単位は機能しない。できるだけ多くの個人が一定の半径で円を描けば、その円の位置が社会的・政治的な単位として機能することが可能になる。したがって、社会的・政治的な単位は、できるだけ多くの個人が一致する、合理的な空間的範囲を持つのが望ましい。そのような同心円状の世界を前提にするかぎり、これは避けられない要請である。こうして人びとは、社会的・政治的な単位の設定に際して、自然で無理のない空間的範囲の探求に力を費やすことになる。山脈や河川で区切られた境界線はその意味で文字通り「自然」であり、歴史的な経験の共有や、風俗・言語、広くいえば文化を共有している空間的範囲がひとつの社会的・政治的単位を構成することも「自然」である。市場圏などの経済的なまとまりも重視されなくてはならない。交通手段の発達や取引の活発化によって経済的なまとまりが拡大すれば、社会的・政治的な単位も拡大することが求められる。一方、そういった地理的・文化的・経済的まとまりを無視して、緯度や経度で機械的に引かれた境界線は「不自然」であり、望ましくないものとされる。

「三大合併史観」が前提としているのは、じつはこうした同心円状の世界である。社会が変化すれば線を引くべき位置が変わってくる。線はこれまでどこに引かれてきて、これからどこへ引くべきなのか？　どこに線を引けば合理的な社会的・政治的単位を作り出すことができるのか？　そうした問いが「三大合併史観」の根底に存在する。

このように考えてくると、ここで「同心円状の世界」と呼んだものが、最初に「境界を持つ」政治権力、と呼んだものの、具体的なありようにほかならないことがわかるだろう。つまり、境界を持たない社会関係のなかから、境界を持つ政治権力を作り上げていくということは、世界を同心円状に整理していくことなのである。「三大合併史観」は、こうした近代的な世界の整理の仕方を、あらかじめ前提にしている。

しかし、このような同心円状の世界は、歴史的に見て自明のものではない。たとえば、こうした同心円状の世界のなかで、もっとも拘束力の強い線が、国家、より正確にいえば、国民国家《ネイション・ステイト》という線である。国民国家とは、ある言語・習慣・歴史的背景などのある文化的まとまりを持つ「ネイション」が、国家という政治的単位の空間的な広がりと一致しなければならない、一致するのが自然であるという考え方にもとづく組織である。[7] 近年の歴史学は、このようなネイションや国民国家の存在は、歴史を貫通して存在していたわけではなく、近代社会に特有の存在であることを明らかにしてきた。それればかりでなく、今日、このような国民国家が矛盾なく存続し、多くの人びとに幸福を与えつづけることが難しいことは、日々のニュースのなかでますます明らかになりつつある。

九・一一と「テロとの戦争」は、空間的な領土を持たないテロリスト組織が、アメリカ合衆国という巨大な領土を持つ国家が全力を挙げて「戦争」の相手としなければならない対象であることを示した。本質的に国境線を越えることになんのためらいもない資本は、世界を暴走しながら人びとの運命を左右しつづけている。

そしてさらに重要なことは、このように現存する国民国家の枠組みが機能不全に陥っている現在の問題は、国家の範囲を大きくしてみたり小さくしてみたりしても、さきほどの表現を使えば、同心円の半径を大きくしたり小さくしたりしてその範囲を調整してみようとしても、解決できないということである。パレスチナやボスニアの紛争において、当事者や調停者たちは、どこに線を引けば問題は合理的に解決可能なのかという模索を試みたが、解答は存在しなかった。その結果、引いた線にしたがって、逆に人びとを配置しなおすという行為が、おびただしい流血をひきおこしたのである。ボスニアでは、ボスニア人／セルビア人／クロアチア人のそれぞれが、勢力範囲とした空間から他の二民族を抹殺しようとする民族浄化を推し進め、イスラエル政府は、ヨルダン川西岸とガザという小さな空間をパレスチナ人に強制的に割り当て、ユダヤ人とパレスチナ人の、「壁」による分離を強行している。

つまり、問われているのは、同心円状の世界を前提にしたうえで、円弧を、どの位置に、何本引くか、という問題なのではなく、世界が同心円状であることそのものなのである。そのような世界の見方を前提とする「三大合併史観」は、市町村合併を論じることによって得られるかもしれない、より深い問題群を見逃してしまう。本書で論じる「明治の大合併」の歴史的考察は、「昭和の大合併」や「平成の大合併」と比較される材料となることによって現代の問題と結びついているだけではなく、こうした同心円状の世界の問い直しを通じて、パレスチナや、ボスニアや、その他多くの現代の問題と結びついている。その問題とは、くりかえしていえば、境界を持たない社会と、境界を持つ政治権力の関係、ということである。

「中央集権」「地方分権」と村落二重構造論

もうひとつ、市町村合併の歴史を語る際にかならず言及される論点に、「中央集権」「地方分権」というテーマがある。たとえば、近代日本の市町村が合併による拡大をつづけてきたのは、そもそも日本の地方自治制度が中央集権的であり、政府の行政の実質的な肩代わりを市町村に押しつけてきたため、それを支えるのに必要な財政力を持つ市町村が要請されてきたからだ、したがって市町村合併は中央政府の都合によって市町村に押しつけられたものであり、過度な中央集権のゆがみの産物である、といった説明がある。[8] この説明では、とりわけ「明治の大合併」は、富国強兵をめざす明治国家の要請によって、民衆の生活の単位であった江戸時代以来の町村を強制的に合併したものであったとされる。実際、合併以前の江戸時代の村は、「大字」「部落」「区」などさまざまな名称のもとで生き残り、祭礼や農作業といった人びとの生活に密接に関連する単位として、戦後まで生き延び、今日でも農村では一定の機能を果たしている。

こうした説明にもとづく、近代日本の村落の特徴の把握が、「村落二重構造論」と呼ばれる学説である。この学説では、明治の大合併によって生まれたあたらしい村のことを「行政村」と呼び、こうして生き延びた江戸時代以来の村のことを「自然村」と呼んで、近代日本の農村社会は、中央政府の行政の下請け機関である「行政村」と、人びとの生活と生産の単位である「自然村」の二重構造を持っているとされる。合併後の村を「行政村」と呼び、江戸時代の村を「自然村」と呼ぶのは、この学説が、新たに政府の町村合併政策によって作り出された町村は、結局、行政という政府の事務を遂行するためだけの機関に過ぎなかったと考えているからである。そして「自然村」という用語には、農業生産を中心とする人びとの生活の単位は、依然として、近世以来の村であった、したがって本当に村という名前にふさわしいのは、近世以来の村＝「自然村」である、という意味がこめられている。

しかし、「中央集権」や「地方分権」といった概念は、ひとつの国家にひとつの中央政府と複数の地方政府が存在し、それらが、本質的にはおなじ「政府」であるという体制を前提にしてはじめて成り立つ考え方である（行政学者や政治学者は、「中央・地方関係」を、「政府間関係」と呼ぶ）。両者がともに「政府」であるからこそ、事務や権限を、ひとつの政府に集中したり、複数の政府に分散したりすることができる。そして、そのような集中・分散が可能な世界とは、まさに同心円状の世界にほかならない。「中央政府」の管轄する範囲と、「地方政府」の管轄する範囲を二つの（三層制であれば三つの）同心円と考え、それぞれの円にどのような事務を割り振るのが合理的かという問いが、「集権」「分権」をめぐる問いの立て方なのである。

詳しくは第一章で説明するが、江戸時代の幕府や藩は、今日的な意味での「中央政府」でもなければ、「地方政府」でもない。それは統治者である武士の身分的な集団である。それと同様に、町や村もそれぞれが町人や百姓といった身分に属する人びとの集団である。そして、あるひとつの村が三人、四人、あるいはさらに多くの領主に分割されて領有されていたり、ある村のとなりの村が、まったく別の領主の支配を受けている村であったりすることも、珍しいことではない。こういった世界では、一定の空間的領域が重層的に諸個人のアイデンティティを構成することは不可能である。身分の枠を超えて、藩の事務が町や村に「分権」されたり、町や村の事務が幕府に「集権」されたりすることは、原理的にありえない。江戸時代の社会＝近世社会は、同心円状の世界にもとづくものでもないし、そのような社会では「中央集権」も「地方分権」も存在しない。

もし、「明治の大合併」を、近世社会から近代社会への転換のなかに位置づけようとするならば、「中央集権」「地方分権」理論や、それにもとづく村落二重構造論に依拠することはできない。問われなければならないのは、そもそも分けたり集めたりすることができる権力とはどのような権力なのか、そのような権力はどのような社会を前提にして成り立っているのか、言い換えるならば、「同心円状の世界」の存立根拠とはなんであったのか、ということなのである。

明治前期の二〇年

本論に入るまえに、明治元（慶応四・一八六八）年の明治維新から、明治二二（一八八九）年の町村合併まで、明治前半期の二〇年の地方制度の変遷を概観しておこう（表0―2）。

この二〇年間は大きく三つの時期にわけられる。最初は「府藩県三治制期」と呼ばれる時期で、明治元年から明治四（一八七一）年までのほぼ四年間である。慶応三（一八六七）年、京都で起こされたいわゆる王政復古クーデタと、それにつづく戊辰戦争によって、幕府が倒され、新政府が成立する。政府は、これまで幕府領だった地域を軍事的に接収し、その直轄地に「府」や「県」を設置してゆく。一方、大名をトップにいただく各地の藩は、長州藩や薩摩藩といった新政府の成立に中心的役割を果たした諸藩はもちろん、戊辰戦争で新政府と戦った諸藩も基本的には存続し、全国が政府の直轄地である府・県と、諸藩とによって構成される状態に置かれる。これが「府藩県三治制」の時期である。一方、この府藩県三治制の時期には町村レベルの地方制度にはほとんど変更は加えられていない。

明治四（一八七一）年七月（以下、明治五〈一八七二〉年一二月の改暦までは旧暦）、政府首脳によっ

慶応3	1867		王政復古クーデタ
明治1	1868		直轄府県の設置
明治2	1869	府藩県三治制	
明治3	1870		
明治4	1871		廃藩置県
明治5	1872		名主・年寄改称令
明治6	1873		
明治7	1874	大区小区制	
明治8	1875		
明治9	1876		
明治10	1877		
明治11	1878		三新法　地方税の導入、府県会の設置
明治12	1879		
明治13	1880		区町村会法
明治14	1881		
明治15	1882	三新法体制	
明治16	1883		
明治17	1884		「明治17年の改革」
明治18	1885		
明治19	1886		
明治20	1887		
明治21	1888		市制町村制公布
明治22	1889	明治地方自治制	市制町村制施行、町村合併
明治23	1890		府県制・郡制公布

表０－２　明治前期の地方制度の変遷

て廃藩置県が断行される。諸藩はいったんそれぞれが「県」と改称されたのち、一一月に三府七二県に統合される。実質的にこの新体制が動き出すのは翌明治五年の初頭からであるが、このころから各府県では「大区小区制」と呼ばれるシステムが採用されはじめる。「大区小区制」というのは、府県を「大区」というまとまりに分割し、それをさらに「小区」というまとまりに分割し、そしてそれぞれに番号をつけて、「□□県第○大区第×小区」と番号で呼ぶというシステムであるが、このような府県の下に大区・小区が置かれるという特徴から、この第二の時期は「大区小区制期」と呼ばれる。一見するときわめて整然とした制度であるが、実際には全国を統一的に規定する地方制度の法規がほとんど存在せず、中央から各府県に派遣された地方官たちは、それぞれの裁量で独自の制度を敷き、独自の政策を展開していた。

こうした各府県まちまちの制度が、ある程度統一されるのが、明治一一（一八七八）年に公布された三つの法令（郡区町村編制法・地方税規則・府県会規則）によってであり、この三つの法令を「地方三新法」ないし単に「三新法」と呼ぶ。この法令によって規定される第三の時期が「三新法期」である。三新法体制のもとでは、府県に選挙で選ばれる府県会と、府県レベルの財源＝地方税が置かれ、府県会が地方税の予算を審議することになった。府県以下は、郡と、今で言えば「市」にあたる「区」に分けられ、郡・区のさらに下に町村が置かれる、というシステムが採用されている。

明治二一（一八八八）年の「市制町村制」は、明治二三（一八九〇）年の「府県制」「郡制」とともに、この三新法にかわるものとして制定された。すでに述べたとおり、明治二二（一八八九）年の市制町村制施行に際して実施された町村合併が、いわゆる「明治の大合併」である。この、市制・町村制・府県制・郡制からなる地方制度の体制を、「明治地方自治制」ないし「明治地方自治体制」と呼ぶ。

以上見てきたとおり、明治二三年前後までの地方制度の変化は相当にめまぐるしいものがある。しかし、明治二一年制定の市制町村制は、全文改正を含む複数回の大きな改正を蒙《こうむ》りつつも、まがりなりにも法令としては、戦後の昭和二二（一九四七）年に地方自治法が制定されるまで生きつづけた。「市制町村制」の施行と、それにともなう町村合併が、江戸時代の社会から近代社会への変化の、おおきな画期であったことは、このことをもってしても明らかであろう。それでは、章を改めて、その起点にあった江戸時代の町と村についての考察に進むことにしたい。

第一章

江戸時代の村と町

1　モザイク状の世界

領国地帯・非領国地帯

江戸時代＝近世社会の基本的な構成単位は、村と町《ちょう》である。そしてそれらの村や町は、いずれかの領主の支配を受ける。そして、その領主には、大きくいえば三つの種類がある。ひとつは石高《こくだか》一万石以上の所領を持つ大名、一万石以下の石高を持つ将軍の家臣である旗本、そして幕府自身である（その他に天皇・公家・寺社などが領主として存在するが、ここでの詳しい説明は省く）。大名の支配を受ける村々を「藩領」、旗本の支配を受ける村々を「旗本領」、幕府の直轄地を「幕領《ばくりょう》」と呼ぶ（なお、「天領」という言い方が通用しているが、江戸時代には幕府の直轄地は「御領（料）」と呼ばれ、「天領」という用語はほとんど用いられない。現在の研究者は「幕領」という言葉を用いている）。全国の幕領は、幕府の代官がそれぞれ分担して、年貢の徴収などをおこなう。

このような領主と村の関係は、現在の市町村―府県といったイメージとはまったく違うということに注意していただきたい。まずある村があって、その村を支配するのはどの領主か、という関係があるのであって、現在のように、ここからここまでが○○県で、その範囲のなかにある××村は○○県、という関係があるわけではない。

その結果、第一に、領知替《りょうち》え、ということが起こる。ある村は大名Aの支配に属していたが、幕府の命令で、今日からは大名Bの支配に属する、あるいは幕領になる、ということが起きてくる。そういうことを頻繁にくりかえしている結果として、第二に、ある村は大名Aの支配を受けているが、隣村は大名Bの支配を受けていて、さらにその隣村は幕領だ、というような、まだらの支配が発生する。さらには、ある村のうち、石高の半分は大名Aだが、残り半分は大名Bの支配だ、というように、ひとつの村に複数の領主が設定されるということも起きてくる。これを相給村落《あいきゅうそんらく》という。

もちろん、かなり広い範囲の多くの村が、一人の領主の支配に属するということもあって、たとえば長州藩とか薩摩藩とか、大藩と呼ばれる藩の場合は、ひとつの藩の領知が空間的に連続して、面として存在する。これを「領国」という。それにたいして、小藩や幕領・旗本領などが散在して、まだらの支配になっている地域のことを「非領国地帯」という。関東地方などは「非領国地帯」の典型である。

非領国地帯のイメージを見るために、表1―1をご覧いただきたい。これは、「旧高旧領取調帳」と呼ばれる史料を表にしたものである。これは、幕末最終段階での村の名前と、その村を支配していた領主の名前を一覧表にしたもので、明治政府が明治九（一八七六）年ごろ、全国の地理的なデータを集める事業の一環として作ったものである。一例として掲げたのは武蔵《むさし》国多摩《たま》郡、現在の東京都多摩地域の村々の一部である。村の名前の次の欄が、幕末最終段階での領主名を記したもので、ひとつの郡のなかでも領主がまちまちであることが見て取れると思う。たとえば門前《もんぜん》村は「龍ヶ崎《りゅうがさき》藩領」

		石				石	
貫井村	松村忠四郎支配所	462.6020	入間県	野塩村	江川太郎左衛門支配所	149.7160	入間県
上小金井村	〃	265.6430	〃	日比田村	〃	33.0000	〃
下小金井村	〃	878.3200	〃	南秋津村	〃	388.2300	〃
田無村	江川太郎左衛門支配所	1486.7860	〃	久米川村	〃	692.8120	〃
柳窪村	〃	233.1940	〃	〃	梅岩寺領	10.0000	同管下
南沢村	〃	83.3130	〃	廻り田村	江川太郎左衛門支配所	370.0422	韮山県
〃	神谷徳太郎知行	400.0910	〃	〃	中川千万幾知行	304.0580	〃
前沢村	江川太郎左衛門支配所	202.9680	〃	野口村	江川太郎左衛門支配所	897.9090	入間県
〃	龍ヶ崎藩領分	103.0000	龍ヶ崎県	〃	正福寺領	10.0000	同県管下
神山村	江川太郎左衛門支配所	224.2310	入間県	大沼田新田	江川太郎左衛門支配所	320.8380	同県
〃	龍ヶ崎藩領分	28.0000	龍ヶ崎県	野中新田	〃	1142.8320	〃
〃	浄牧院領	22.1060	同管下	鈴木新田	松村忠四郎支配所	774.4520	〃
門前村	龍ヶ崎藩領分	137.0000	同県	小川村	江川太郎左衛門支配所	1366.0930	韮山県
〃	浄牧院領	8.8940	同管下	廻り田新田	〃	107.4840	〃
小山村	江川太郎左衛門支配所	380.9490	入間県	榎戸新田	〃	247.3760	〃
落合村	小野久内知行	215.3740	〃	平兵衛新田	〃	99.3730	〃
下清戸村	江川太郎左衛門支配所	375.4540	〃	後ヶ谷村	〃	203.9240	〃
清戸下宿	〃	189.7850	〃	高木村	〃	92.0023	〃
栗原新田	〃	16.6510	韮山県	〃	酒井戈次郎知行	65.0000	〃
上清戸村	〃	203.2870	入間県	留浦村	江川太郎左衛門支配所	127.7860	〃
中清戸村	〃	375.1730	〃	境村	〃	95.2020	〃
〃	金龍寺領	15.0000	同管下	小河内村ノ内原村	〃	95.1500	〃
下里村	江川太郎左衛門支配所	501.1500	同県	蔵敷村	江川太郎左衛門支配所	215.7467	〃
中里村	武蔵倉次郎知行	212.1060	〃	奈良橋村	〃	232.9293	〃

出典：木村礎校訂『旧高旧領取調帳　関東編』

表１－１　「旧高旧領取調帳」による武蔵国多摩郡の村々（一部）

で、龍ヶ崎藩の支配を受けていることがわかる。龍ヶ崎藩とは現在の茨城県龍ヶ崎市に存在した藩で、ここには同藩の飛び地があるのである。「松村忠四郎支配所」「江《え》川《がわ》太《た》郎《ろう》左《ざ》衛《え》門《もん》支配所」となっているのは幕領で、人名は代官の名前を示し、その代官が支配している村、という意味である。同様に、「〇〇知行」となっているのが旗本領である。また、ひとつの村名に対して、複数の領主名が記入されている例も散見される。たとえば南沢村《みなみさわ》は幕領である江川太郎左衛門支配所と、旗本領である神谷徳太郎の知行所に分割されている。これが相給村落である。なお、「旧高旧領取調帳」は、国立歴史民俗博物館のデータベースで検索することができる。[9]

村・町と身分

現代社会において、隣りあう自治体が他の都道府県に属していたり、ひとつの自治体が複数の都道府県に分割されていたりすることは、行政の遂行上いちじるしく不都合をきたし、不可能であることはいうまでもない。それが可能であった近世社会では、町や村や藩といった存在が、やはり現代の市町村や都道府県とはまったくことなった存在であったということを、この事実は物語る。どうしてこのような、非領国的な支配のあり方や、相給村落といったものが可能なのであろうか。

それは、近世社会における町や村、あるいは支配者である藩が、身分的集団という性格を帯びていることに起因している。少し遠回りになるが、近世社会と近代社会の編成原理の違いを理解するうえで決定的に重要な点なので、この「身分」ということについてまず考えてみることにしたい。[10]

たとえば、近世社会において、「村」は「百姓」身分の人びとから構成される百姓身分集団である。そして、注意しなくてはならないのは、身分として「百姓」であるということは、単に職業として農民である、ということとイコールではない、ということである。「百姓」という言葉は古代以来の長い歴史を持つ単語であるが、近世社会において「百姓」であるということは、職業として農業を営むものであるということと不可分である。しかし、「身分」として「百姓」であるということは、そのような農業を中核とする生産と生活のあり方が、その人間全体の性格を規定するものとして、全社会のなかで公的な位置づけを与えられている、ということを意味している。身分は職能的であることと、身分は公的なものであること、この二点を押さえておく必要がある。

第一点から考えていこう。江戸時代における身分制といえば、誰しも「士農工商」の階層的な秩序を想起するであろう。いわば、政治権力を持つ武士を頂点とするヒエラルヒー的な上下関係、階層秩序のことである。しかし、近世における身分とは、本源的には職能的なものである。そして、人びと(近世社会の諸経営は「家」を単位としていたから、ただしくは「家々」というべきである)の職業のあり方というのは個別的なものであって、それぞれの置かれた環境によってそれぞれに異なる特殊なものであるから、職能的であることが直接に「士農工商」といった全国的・横断的な秩序を生み出すわけではない。

職能的であることは、直接に全国的・横断的な秩序を生み出すことはできないが、集住し、同一の職能的環境に置かれた経営どうしの職能的な集団を生み出すことはできる。むしろ、そういった集団の存在なくしては諸経営の存立は不可能である。たとえば農業経営の場合、田畑を維持するための用水路、肥料を採取するための山林といったものを共同で維持するための、職能的な利害の共有にもとづく集団が不可欠であろう。このようにして集住する農民、都市住民が生み出す社会集団が「村」であり「町」である。近世史家の朝尾直弘氏は、こういった集団のことを「地縁的・職業的身分共同体」と呼んでいる。[11]

そして、第二点の、身分が公的であるということは、このように形成される小さな職能的共同体や、その構成員である諸経営が、幕藩制国家によって、その職能に応じ、一定の秩序に編成されることを意味している。その編成の梃子《てこ》となるのが「役」賦課《ふか》である。幕藩制国家は、職人にはそれぞれの職能に応じた生産物の上納、町人には「町人足役《ちょうにんそくやく》」と呼ばれる領主の土木工事の際の労働の提供、百姓には「百姓陣夫役《じんぷやく》」という、戦時の際に武士身分から構成される軍隊に付属して物資の運搬を担う労働の提供などを、それぞれの小共同体に対して要求した。こうした負担は、近世中期以降は、特に都市部においては形骸化してゆき、現物や実際の労働にかわって、専門業者を介した貨幣による支払いへと変化してゆくのだが、ともかくも、こうした「役」負担を通じて、都市住民は、「町人」と「職人」として、農民は「百姓」として、政治秩序のなかに、その職能性を有する存在として公的に位置づけられるのである。

身分が職能的であるということ、また公的なものであるという二つの特徴は、どちらが先にある、というものではないことにも注意しておこう。まず職能的な身分集団が自然発生的に存在し、それを幕藩制国家が公認するわけでも、幕藩制国家が無から職能的な身分集団を創り出すわけでもない。中世社会を通じて創り出されてきた村や町といった社会集団を基礎にしながらも、国家がそれを公的に位置づけ、その過程で集団の範囲やメンバーを再編成しながら、近世的な身分集団が形成されてゆくのである。

その結果として、村についていえば、それは農民の生活を丸ごと抱え込むような、自己完結型の「共同体」ではない。豊臣秀吉の時代や江戸時代の初期におこなわれた領主による土地の調査、いわゆる「検地《けんち》」では、村の範囲を固定し、決定する作業が、土地の調査と同時におこなわれた。これを「村切《むらぎ》り」という。「村切り」によって決定された百姓の単位が「村」なのであって、それが年貢の納入に責任を持つ「村請《むらうけ》」の単位となった。だから、村を越えた範囲で生活上必要な関係が取り結ばれることもあったし、逆にひとつの村のなかに、村より小さい複数の集落が含まれていて、その集落が生活上の結合の単位として大きな役割を果たしている場合も少なくなかった。一面でいえば、近世の「村」とは、領主が年貢村請の単位として認定した集団であるに過ぎない。これは身分や身分集団が公的な位置づけを持つ、という側面から見た場合の村の位置づけである。しかし同時に、年貢の村請、つまり年貢を共同責任で納入するような仕組みが、個別の経営どうしが密接な関係を持たないような者のあいだで成立することもまた困難だろう（たとえば今日、市町村内の見ず知らずの誰かが納税が不可能な状況に陥ったとして、特に理由もなく読者がその分を引き受けて支払うようなことを要求されたとしたら、読者はそれはひどく不条理だと感じるだろう）。したがって村請制の村はその内部の生産条件の多様性を一定の範囲内に限定するような空間として設定されるし、村のなかに複数の集落が存在する場合は、村の責任者（名主・庄屋などの村役人）を複数人設置して、村と集落の関係が円滑に機能するように配慮がなされることがおこなわれたりした。

たとえば、牧原成征氏が明らかにした、信濃《しなの》国佐久《さく》郡下海瀬《したかいぜ》村（現在の長野県南佐久郡佐久穂《さくほ》町の一部）の場合を見てみよう。

近世初頭の検地によって作り出された下海瀬村は、村内に本郷、花岡という二つの集落を含んでいた。一七世紀の後半には、集落の自立性を背景に花岡が独自の名主を立て、組分けが成立するが、対外的、とくに対領主的な側面で村を代表するのは本郷の名主であり、花岡は従属的な位置にあった。ところが、近世後期になると両者の関係は対等化するとともに、これまで村運営から疎外されていた一般の百姓たちが集落という地縁的な結合に結集するようになる。このようにして、一般農民たちは地縁的な生活共同体としての集落にまず結集し、それを通じて下海瀬村全体の運営に参加してゆくようになったのである。[12]

また、身分が職能的であるということは、社会の複雑化による分業の進展によって、従来の身分集団と社会の実態とのあいだに齟齬《そご》が生まれてゆくことに帰結する。こうした「身分外」の人びととして最初に発生してくるのは、何らかの理由で従来の身分集団内での生存が難しくなり、物乞い・浮浪者などにならざるをえなかった人びとである。こうした人びとを回収し、「身分外身分」として公的な位置づけを与える回路が、「穢多《えた》・非人《ひにん》」などのいわゆる賤民身分組織であった。それとは別に、近世中期以降の社会の複雑化のなかでは、支配者と被支配者の中間的な存在や、従来の身分組織の枠には収まりきらない宗教者といった人びとも発生してくる。今日、近世史研究者たちによって、こうした集団は一括して「身分的周縁」と呼ばれ、活発な研究の対象となっている。

本書のメインテーマである村および百姓についてはのちに詳しく見るので、ここでは近世都市のイ

出典：『江戸切絵図集成』第四巻

図１－１　近世末期の江戸・日本橋南部地域

メージをつかんでもらうために「町」について見ておこう。図1―1は、江戸時代の最末期、文久三（一八六三）年に作られた江戸の日本橋南側の絵図である。まず気がつくのは、おびただしい数の町名がそこに書き込まれていることであろう。現在でいうと、「〇〇何丁目」という単位よりさらに小さい。この、近世都市の基本単位である「町」は「両側町《りょうがわちょう》」と呼ばれるもので、原則的にはひとつの道路を挟んでその両側にある町並みの一ブロックがひとつの「町」を構成するというものである。

この図の南端近くに「南鞘町《みなみさや》」という町がある。その名のとおり、本来は、江戸という都市が成立した際に、刀の鞘を作る職人が集住させられて成立した町と考えられる。鞘職人による「地縁的・職業的身分共同体」であったのである。南鞘町の周辺には「南塗師町《みなみぬし》」「大鋸町《おおが》」といった町名が見えるが、これも同様の職人町である。

近世都市史の研究者である吉田伸之氏が明らかにしたところによれば[13]、この町は、本来的には江戸城で必要とされる刀の鞘の漆塗作業のために、幕府の指令次第に塗師職人を差し出す役を負担していた。その人数は年間のべ三〇〇人ほどであったという。この町に住み、家を所有する住民が主として塗師から構成されるという、町が設定された当初の状態ではそれは可能なことであっただろうが、次第に町の住民は入れ替わって職業も多様化し、土地・家屋の所有者も、南鞘町に居住しない不在地主が増えてくる。かくして、一八世紀以降、南鞘町が負担する塗師役は貨幣によって代納されるようになり、「本来の塗師職とは直接何ら関係のない家持《いえもち》が役金を上納する」（その家持も南鞘町に居住しているとはかぎらない）町へと変化する。それでも、南鞘町へ対する役の賦課は明治四（一八七一）年に明治政府によって廃止されるまでつづいたのである。形骸化するにせよ、近世の社会において「役」を賦課することの意義は一貫してかわることはなかった。

百姓と領主権力

これまで論じてきたことをまとめれば、近世の村とは、職能的性格と公的性格とを帯びた百姓の共同体なのであって、近代の市町村のような、一定の領域があり、その領域内に居住する人間すべてを平等な構成員として扱う地域団体ではない、ということである。そして近世社会の全体は、そうした小さな身分共同体の集積として成り立っている。

職人、町人、百姓という被支配身分についてはすでに見たとおりであるが、当然ながら、このことは支配身分である武士についても成り立つ。武士もまたひとつの身分であり、武士が構成する領主権力は、近代社会でそうであるような、「私」と区別された「公」の権力であるというより、それ自身がひとつの職能、代々継承される家の職として統治権力をつとめてゆくような権力である。そして、武士身分に対して賦課される国家的「役」とは、武士としての戦闘能力を国家に提供すること、すなわち「軍役」にほかならない。

「藩」と呼ばれる大名家や、徳川家家臣である旗本、あるいは直轄地を支配するというレベルで見た場合の徳川将軍家も、そうした意味でそれぞれが身分的な小共同体なのであって、その点は百姓身分の共同体である村や、町人・職人身分の共同体である町と何ら変わるところがない。近世社会において支配者たる領主権力と、被支配者たる町・村は、相互に異なった身分集団として対峙している。

こうした状況下においては、百姓なら百姓、武士なら武士、賤民なら賤民の相互の小共同体のあいだでは、職能的な利害の共有によって共同組織が発生しやすい。ただし、職能的であるということはそれぞれに個別的であるということだから、村であればその農業的環境、つまり山林や水路などの自然環境に規定され、利害を完全に一致させる村というのはひとつもない。あくまで部分的な共通性によって小共同体の連合組織が発生するということである。一方、百姓と武士、賤民と百姓といった相互の小共同体のあいだでは職能的な利害が共有されないので、共同組織が生まれる余地がない。ここで重要なのは、地理的な近接性よりも、身分的な職能的利害の共有なのである。

一例として、近世史研究者である塚田孝氏の明らかにした、武蔵国のある村の賤民組織について紹介してみよう[14]。

同村は、百姓の住む本村と、賤民である穢多・非人の居住する枝村の部分から構成されていた。穢多・非人は、村内に居住するという点で村の一部を構成すると同時に、同村には非人の小頭が居住しており、その小頭の支配下の賤民の居住する範囲は「場」と呼ばれるひとつの空間を構成していた。小頭支配下の穢多・非人は、その「場」の範囲で、死亡した牛馬の皮を剝いで取得・売却する権利と、物乞いをする権利を有していた。この「場」の範囲は二五ヵ村に及ぶ。そして、毎年、住民を把握するために作成される人別帳には、非人の小頭から本村の名主を通して領主に提出されるものと、関東全体の賤民組織を統括し、江戸に居住していた弾左衛門の役所に提出されるものの二系統が存在する。前者の人別帳に掲載されるのが村内に居住する穢多・非人に限定されるのに対し、後者の人別帳は「場」全体に居住する穢多・非人を含む。こうして見てくると、この村の穢多・非人たちは、百姓共同体である本村に地理的には隣接して居住し、部分的にはそれと関係しつつも、完全にその一部として包摂されているわけではないことがわかる。賤民集団は、村という百姓身分組織の枠からは相対的に独立性を有しており、賤民組織の長である弾左衛門と直接的な関係を持っているのである。つまり、ひとつの空間を、百姓身分は百姓身分でそれぞれに「村」として分割し、賤民身分は賤民身分でそれぞれに「場」というかたちで分割しているわけである。それぞれの空間の分割の仕方はそれぞれの身分の組織によって独自に決定されるわけだ。

遠回りになったが、このように考えて、はじめて相給や非領国的な領有のあり方は理解可能となる。藩や幕府といった領主身分の組織はその内的な秩序にもとづいて、異なる身分である百姓身分の集団の内的な秩序をある程度無視して空間を分割することが可能なのである。複数の領主によってひとつの村が分割されたとしても、村の側の共同性が失われることはない。逆に言えば、村々の側から見た場合、領主権力とは、村々の生活と生産の共同性にとって外在的に存在する、いわば「遠い」存在であったことを示している。百姓身分の共同体である村にとっての重要事は、その生産や生活を支える百姓身分相互の作り上げる組織――たとえば水の分配や肥料を採取する山林の管理、あるいは農繁期の相互扶助の組織――なのであって、領主はその外に立つ支配者なのである。

このように見てくると、近世社会が、「はじめに」で触れたような「同心円状の世界」とはほど遠い世界だったことが明らかであろう。ある村の百姓にとって、その村の百姓であるというアイデンティティが、その村を支配する「藩」のアイデンティティに直結するというわけではないのである。いわば、近世社会とは、職能的な小共同体がモザイク状に織りなす社会だったと言える。

もちろん、長期間にわたる「藩」の支配が、そこに「藩領民意識」のようなものを生み出すことはありえたし、場合によっては「藩ナショナリズム」のようなものが、被支配身分も含めて生まれることもありえた。たとえば、経済的な利益と結びついて、百姓身分のものも、一藩単位の利益を「国益」という言葉で表現することがあったという土佐藩の事例を、ルーク・ロバーツ氏が紹介している。[15] もちろん、ここでの「国」とは日本全体ではなく土佐藩のことを指し、「国益」とは「土佐藩の利益」のことである。

しかし、ある村がどんなに長期間にわたってある藩の支配を受けていたとしても、原理的には、明日にも別の領主の支配を受けることになるかもしれない、という可能性は、近世社会においてはつねに存在したのである。失敗に終わったとはいえ、出羽《でわ》庄内《しょうない》・越後《えちご》長岡《ながおか》・武蔵《むさし》川越《かわごえ》の三藩を入れ替えるという、天保一一（一八四〇）年の「三方領知替《さんぽうりょうちが》え」の計画は、そうした可能性が現実のものであったことを物語る。この三藩はいずれも近世初期以来、固定してその地を支配してきた領主であったが、政治情勢の如何《いかん》によってはそれが変更される可能性はあった。この領知替え計画に対して、庄内藩の領民は反対一揆を起こすが、その理由は「藩ナショナリズム」といったものよりむしろ、領知替えによる負担の増加を恐れるがためであった。「藩」を、今日の「都道府県」に近いものとして考える歴史像が決定的に誤っているということは、どれほど強調しても強調しすぎることはない。

余談であるが、近年出された歴史の一般書のなかに、幕末・維新の各藩主の動向を網羅的に取り上げた書物があったが、そのサブタイトルは「うちの殿さまは何をした?」であった。「うちの殿さま」という単語が含意するのは、現在の読者それぞれの居住地を、その当時支配していた藩主という意味なのであろうが、それでは幕領や旗本領や相給村落だった地域に居住している読者にとって「うちの殿さま」とは誰を指すことになるのだろうか(たとえば現在の東京都小平《こだいら》市の大部分は、江戸時代には幕領であったけれども、その場合の「うちの殿さま」とは徳川将軍家のことなのであろうか?)。非領国地帯を主たる研究のフィールドとしてきた筆者は、一見して強い違和感を覚えたものである。

2 組合村

中間支配機構

以上のとおり、近世社会は小さな身分的共同体、百姓身分で言えば「村」をその基本的単位とする社会である。しかしだからといって、相互の村どうしがまったく没交渉に存在しているわけではない。村々どうしは必要に応じて連合組織を形成する。これを「組合村」という。

もっとも典型的な組合村は、同一の領主の支配に属する村々の連合組織である。[16] 後述するように、広い意味で「組合村」と言った場合は、同一の領主に属さない村々が特定の目的のために形成する連合組織を意味する場合もあるのだが、ここではまず狭い意味での組合村を押さえておく。こういう意味での組合村を「中間支配機構」とも呼ぶ。

	石高	うち江川支配所	ほか領主
日比田村	33.0000		
南秋津村	388.2300		
野塩村	149.7160		
野口村	778.1650		
久米川村	702.8110		
廻り田村	674.1000	370.0472	中川千満幾知行
後ヶ谷村	203.9240		
清水村	380.1350	46.1350	浅井武次郎知行
宅部村	165.0000		
高木村	188.4890	123.4890	酒井才次郎知行
奈良橋村	232.9293		
蔵敷村	215.7464		

出典：『里正日誌』第 9 巻、p. 349　　（単位：石）

表１－２　組合村の一例（武蔵国多摩郡江川太郎左衛門支配蔵敷組合）

具体例を見てみよう。先ほど見た旧高旧領取調帳の表のなかにある村々についてである。多摩郡の北方にある村々のうち、韮《にら》山《やま》に本拠地がある幕府の代官・江川太郎左衛門の支配を受けている村々一二ヵ村は、ひとつの組合村を作っていた。表1―2に掲げた一二の村である。この組合村は、代官と村々のあいだに発生する種々の事務を共同で処理するための組織として存在した。たとえば、慶応三（一八六七）年六月にこの地域で嵐が起きて、雹《ひょう》が降るという出来事があった。その際、村々は代官所から被害状況の報告を求められ、それにしたがい届を出しているが、これを一二ヵ村まとめて組合村で出している。この組合村は、組合村の代表者（「惣代《そうだい》」と呼ばれる）の居住地が一二ヵ村のひとつ、蔵《ぞう》敷《しき》村であったことから、「蔵敷組合」と呼ばれていた。

つまり、同じ領主を持つ村々で、同じような用件がある場合、各村がそれぞれ代表を代官所に差し向けて用件を処理するよりは、何ヵ村かまとまっていったほうが合理的であり、そうした理由から組合村が形成されるのである。

しかし組合村は、領域的なまとまりを持っているとはかぎらない。つまり非領国地帯では、村ごとに、あるいは村のなかでも、領主がまだらに支配しているため、同じ領主に支配されている村々といっても、それもまだらにしか存在しないということになる。

しかも、さきほど述べたように、ある村を支配する領主は一定とはかぎらず、しばしば領知替えがおこなわれる。そうすると、組合村も組み替えられる。じつは、この蔵敷組合一二ヵ村というのは、元治元（一八六四）年に成立したもので、それ以前には存在していなかった。それ以前にあったのは、「上新井《かみあらい》組合」二一ヵ村であるが、この上新井組合二一ヵ村のうち、元治元年に、一〇ヵ村が松村忠四郎という別の代官の支配に移り、一ヵ村があらたに加わって、蔵敷組合一二ヵ村が成立するのである。そしてこの上新井組合の結成もその前年、文久三（一八六三）年にすぎない。組合村は領知替えにともない頻繁に組み替えられるもので、しかも領域的なまとまりをなしていないこともありえたのである。

多様な組合村

それでは、領主の支配を超えて、異なる領主を持つ村々が連合することはないのか、といえば、そういった村連合も存在する。たとえば、用水組合である。複数の村がひとつの用水路を共有している場合、用水路の利用者は、ある地理的なまとまりで発生し、領主が誰であるのかということとは関係がない。異なる領主の村々も同一の用水路を使うということになって、これを管理するために用水組合が形成される。このように、課題ごとにいろいろな組合が形成されて、ひとつの村が複数の組合に属する、というのが、近世の村と組合村の関係である。これを図式化したものが図1―2である。

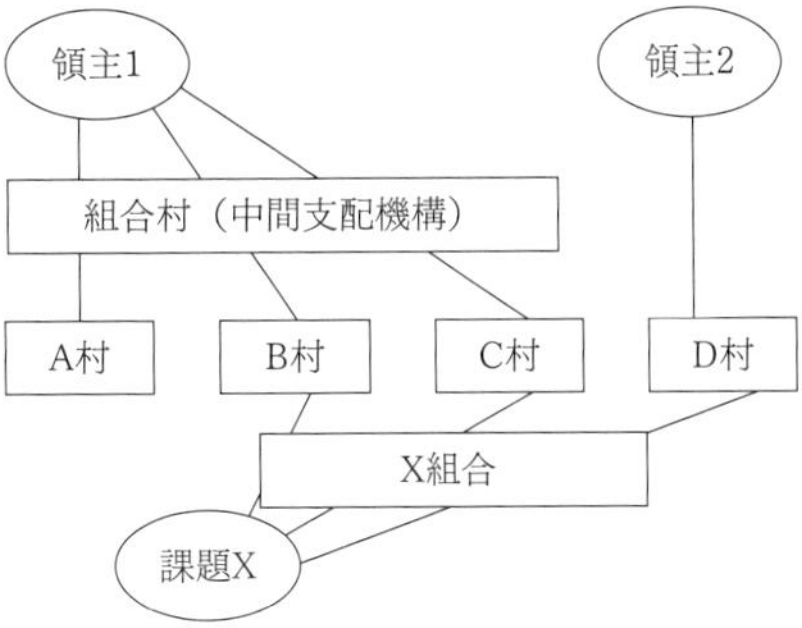

図1－2　近世の組合村

こう考えてくると、逆に、領主の支配範囲がまだらだ、というのは、まだらでもいい程度のことしか領主はやっていない、ということを意味していることに気がつく。たとえば用水路の管理を積極的に領主がやっていたとすると（実際ある程度の管理はおこなうのだが）、ひとつの用水路が、ここでは領主1、ここでは領主2、と分割されていたのではひどく不便であろう。領主が別々でも用水組合が形成できるというのは、領主はその組合村の運営には積極的に関与していないから、つまり、領主の業務が限定的だからということになる。くりかえしになるが、こうした関係は、近世社会の特質、すなわち領主と百姓が異なる身分を構成し、そして社会の全体が身分的集団の集積体としてあらわれるような社会であるという特質に、規定されている。その結果、狭い意味での組合村＝中間支配機構の業務も限定的である。つまり、領主と村々とのあいだでなにかを取り次ぐという仕事以上ではない。

もうひとつ、領主の支配を超えた組合村として、やや例外的に、改革組合村という組織がある。「改革」というのは、幕府が文政年間（一八一八～一八三〇年）に、支配の方式を「改革」して作った組合という意味で、関東地方を対象として、領主が誰であるか、幕府の直轄地であるか、藩領であるかに関係なく、領域的に村々を組み合わせて作った組合村である。この組合は基本的には、治安維持・警察業務をその主たる任務とする。幕府の側では関東取締出役《かんとうとりしまりしゅつやく》という役職を置いて、各地を巡廻させ、改革組合村がこの巡廻してくる取締出役の受け皿となって機能していた。これは、たしかに領主支配の枠組みを超えて設定されている組合村なのであるが、やはり、関東取締出役の受け皿となって、治安維持の仕事をするという単一の機能を持った組合であるという点では、用水組合や治水組合と異なった性格のものではないともいえる。領域的だからといって、改革組合が用水や治水の仕事をするわけではない。治安維持も領域性を必要とする分野であるから、こういう体制が採られたということである。

3 村と土地所有・村請制

直接的共同所持・間接的共同所持

さて、百姓という身分は職能的な性格のものであり、身分的な性格を持った集団である村とは、そのような百姓という身分の職能的な団体である。このことから、個々の百姓の職能的な利害、つまりそれぞれの百姓の経営体である「家」が農業生産を営み、それを継続させてゆくことに、村という団体が直接に関与していくという結果が生まれる。近代の市町村が、その構成員の職業的な利害を「私的」なものとして、そこからは一歩引いたポジションに立つのとは、おおいに異なっている。

農業を営む百姓にとって、もっとも重要な資源は土地である。土地のなかには、農業を営む耕地はもちろん、肥料や薪の採集地である山野も含まれる。こうした農業経営の条件となる土地の利用や売買に対して、村は一定の規制をかける存在であり、一面では個別の百姓の自由な土地の処分権を制限し、一面では個別の百姓の経営が破綻してしまわないよう保護する存在であった。

まず、山林や肥料採集のための山野（「秣場《まぐさば》」）は、村の共有地ないし複数の村の共有地（「入会地《いりあいち》」）とされることが普通であった。近世村落史研究者の渡辺尚志氏は、こうした共有地に対する村の土地所有を「直接的共同所持」と呼んでいる。[17]

しかし重要なのは、こうした共有地だけでなく、個別の農家が耕作する耕地についても、村が一定の権利を有していたということである。一般的に近世村落において、農業経営の場である耕地は、領主の検地によって個別の百姓の名前で検地帳に登録（「検地《けんち》名《な》請《うけ》」）されて、個別の百姓の名義で所持され、質入れや、質流れによる実質的な売買の対象となっていた。日常的には、あたかも近代的な意味での所有権を、個々の百姓が有しているかのように見える。

しかし、実際にそうではないことは、ひとたび日常的な状況が崩れ、百姓の経営や村の存続が危機に瀕する事態に直面した時に、村が個別の耕地に関与してくるという点から明らかである。渡辺尚志氏はその例として、割地《わりち》制《せい》や質地《しっち》請戻《うけもど》し慣行などの例を挙げている。

割地制とは、籤《くじ》などの手段で、村内の土地を定期的ないし臨時に割り替えて、土地の所持者と耕地の関係をシャッフルする制度であり、近世の村で部分的に見られる現象である。これはそれぞれの百姓の年貢負担を公平化したり、何らかの自然災害で各耕地の条件が大きく異なってしまった場合に、それまでの土地所持を一旦リセットする意味でおこなわれる。

質地請戻し慣行[18]とは、土地の質入れに関わる問題である。江戸時代には、土地を質入れして金を借り、金が返せなかった場合、一定の期限後にそれを質流地《しちながれち》として他者の手に渡すことがしばしばおこなわれていた。ところが、実際には、一旦質流れとなった後何年も経過した後に、元金を用意すれば元の所有者に土地が返還されなければならないという慣行が広く見られた。これが質地請戻し慣行である。そしてこの請戻しは村のルールとして定められている場合が多く、質地請戻し慣行を支えていたのは村が個別の土地所持に介入できるという前提であった。近代的な土地所有権の概念からは、一度所有権が移転した土地に対して、元の所有者が何らかの権利を主張するということはありえないが、近世ではそれがありえたのである。

こうした事例から、渡辺氏は、近世においては、日常的には個別の百姓が所持しているように見える耕地に対しても、村が潜在的な権利を持っていたと指摘し、これを「間接的共同所持」と呼んでいる。個別的な百姓の経営の存続に密接に関与する団体である村は、そうした経営が危機にさらされた場合、村の土地全体に対して権利を発動して個別の経営を救ったのである。たとえば、ある百姓が困窮し、経営を存続させてゆくのに必要な耕地を質流れによって失ってしまった場合、質流地を集積することによって耕地を拡大させた富裕な農民の権利を制限してでも質地請戻しを促進することで、困窮している経営の存続をはかったのである。

村請と村融通

村が個別経営を支えるという構図は、不動産の側面においてのみならず、年貢の上納や金融といった動産の側面においても見られる。

近世社会において、百姓が領主に上納する年貢が「村請《むらうけ》制」であったことは周知の事実に属するだろう。具体的には、年貢の徴収時期になると、領主は、それぞれの村に対して、納入すべき年貢の額を記載した「年貢割付状」を発行し、村の責任者である村役人（名主・庄屋）はその総額を村内の各百姓に割り振り、徴収して領主に上納する。領主が年貢負担を命じる単位は村であり、年貢の納入には村が責任を負う。つまり、村のなかでどのような負担の割り振りがなされるかは、村の中での合意や慣行に任されている。

逆に言えば、個別の百姓が年貢の納入が不可能な状況に陥った場合でも、村は領主から割り付けられた年貢の総額を納入しなければならない。飢饉や災害など、村全体がまとまった被害を受けた場合は、村全体として領主に対して年貢の減免措置を出願することになるが、個別の百姓が個別の事情で年貢納入不能に陥った場合は、その百姓は村内の富裕者、とくに名主・庄屋などの村役人から質入れ等の手段によって借り入れをおこなって年貢を納入するか、または村役人が年貢を立て替えて納入することになる。

年貢立て替えはいわば村役人という村の代表者による個別経営の救済であり、村による個別経営保護のもっとも顕著なケースである。質入れによる借り入れの場合も、これが単なる土地担保金融ではなく、いずれは質入れ地が元の所有者に返されることを原則とした救済措置の側面を持っていることは先ほど見たとおりである。

こうしたケースの一例として、武蔵国多摩郡大沼田《おおぬまた》新田《しんでん》（現在の東京都小平市の一部）の名主・当麻《たいま》弥左衛門《やざえもん》家の場合を紹介しておこう。[19] 当麻家は天保五（一八三四）年頃から所有する土地の石高を急激に増加させ、嘉永五（一八五二）年にピークに達する。これは天保期に全国を襲ったいわゆる天保の大飢饉の影響で、経営に行き詰まった農民が名主の弥左衛門を頼り、弥左衛門に土地を質入れして金穀を借り入れた結果、弥左衛門の所持地が拡大したことを意味する。ところが、弥左衛門家はこれを踏み台にして土地所有を拡大させてゆく方向には向かわなかった。同家はその後ふたたび急激に所持石高を減少させ、明治元（一八六八）年にはほぼ天保五年の水準にまで所持地石高を戻している。これは、飢饉期に土地を質入れした層が、その後の経営の回復にしたがって弥左衛門家から土地を請け戻し、それぞれ経営を再建していった過程を示している。土地が質流れとなった後、元の所有者は弥左衛門の小作人となって同じ土地を耕作しつづけ、弥左衛門に小作料を支払う関係に入る場合が多かったものと思われるが、弥左衛門は、元の所有者に土地を戻す際、この小作期間中に滞納していた小作料を棒引きにする措置さえおこなっているのである。また、この嘉永から明治にかけての時期は、安政の開港の影響でインフレーションが進行していたことも念頭に置かなくてはならない。つまり、天保期に借りた額をそのまま弥左衛門に返済して土地を請け戻すというのは、請戻し時の物価水準から見れば弥左衛門側の損失となるのである。それでもこうした措置が採られていたということは、弥左衛門家の天保期の土地集積は、飢饉による困窮につけこんで土地を集積するといったものではなく、困窮した経営を救済するための融資であるといった側面が強かったことを示しているだろう。

村によっては、村が主体となって、村の余剰を組織的にこのような救済的金融のために貯蓄しておく場合もあった。こうした村役人や村が主体となる金融のあり方を、近世農村金融史の研究者である大塚英二氏は、「村融通制《むらゆうずうせい》」と呼び、利潤追求を目的とする「高利貸金融」と区別している。[20]

しかし、一方で、こうした百姓の個別利害を村が防衛する場合、上記の弥左衛門家の例に見られるように、村の責任者である村役人の負担がきわめて重いものになるのも事実であった。大塚英二氏は、村内の百姓に「融通」するための資金を、村役人が村外から借り入れ、結果としてその借財によって村役人が没落する場合が少なくなかったことも明らかにしている。こうした村請制・村融通制のもとでの村役人の重い負担は、やがて明治以降、それにかわる新しいシステムを作る大きな動機となっていく。

第二章　維新変革のなかで

1 「大区小区制」

府藩県三治制

慶応三（一八六七）年一二月九日、討幕派は王政復古クーデタを敢行、将軍・摂政・関白などの役職はすべて廃止され、新政府が成立する。翌慶応四（明治元・一八六八）年一月三日には鳥羽《とば》・伏見《ふしみ》の戦いが起こり、新政府軍と旧幕府軍とのあいだの軍事衝突＝戊辰《ぼしん》戦争がはじまる。同年一〇月、天皇は東京に行幸《ぎょうこう》、明治二（一八六九）年三月には再度の東京行幸、以後天皇は東京にとどまり、東京が政治支配の中心となる。幕府に代わる全国的統治権力としての維新政府の成立である。変革が「王政復古」を標榜したことにより、中央政府は、古代律令国家にならい「太政官《だじょうかん》」と呼ばれることになる。

しかし、この維新政権の成立＝太政官制の成立は、直ちに地方秩序に大きな影響を与えたわけではない。

まず、近世の領主支配のレベルで見ると、代官が支配していた幕府直轄領と、幕府の旗本のうち、あらたに天皇の家臣となることを拒否し、旧将軍たる徳川家の家臣としてとどまることを選んだ者の知行所は、新政府に接収された。当初これらの新政府直轄地を支配する機関は「裁判所」と呼ばれたが、明治元年閏四月二一日、新政府の体制を定めた「政体書」によって、直轄地は「府」と「県」から構成されることになり、府や県への改称が進められた。戊辰戦争の進展によって新政府の支配地域が関東・東北へと拡大するにつれ、それぞれの地域の幕府直轄領が接収されて、明治二年にかけて、順次あらたな県の設置がおこなわれていく。幕府直轄領の代官・奉行に代わり、府県には「知事」が支配者として任命される。

一方、近世以来の大名が支配する藩については、この段階では、戊辰戦争で新政府と戦った東北諸藩の領地の削減、移動などがおこなわれたものの、全体としてはその支配が認められた（なお、徳川家は存続が許され、静岡藩となる）。

つまり、この時期の日本は、政府の直轄地である府県と、藩との二元的な統治の単位から構成されていたのである。府、藩、県という三つの統治単位が混在することから、明治四（一八七一）年の廃藩置県によって藩が消滅するまでのこの時期を「府藩県三治制期」と呼ぶ。

この体制は、幕府が太政官に置き換わり、「府県」という新しい名称が出現しただけで、実質的には統治空間の分割のあり方が変わったわけではない。したがって、非領国的な支配のあり方や相給村落といったモザイク状の支配空間は、手つかずのままのこされる。

政府の直轄地である「府県」という新たな名称は、現在の都道府県につながる単語であるが、今日の府や県のように、一本の線で囲まれたあるまとまった空間を支配したわけではない。たとえば東京周辺では「品川《しながわ》県」「浦和《うらわ》県」「葛飾《かつしか》県」「小菅《こすげ》県」といったような小さな県が、かつての代官支配を引き継いで成立するが、品川県の支配地域が現在の東京都品川区周辺にまとまっていたわけではなく、多摩地域を含む東京南西部に散在的に品川県管下の村々が存在する。こうした府藩県三治制期の府県を、後の府県と区別する意味で、研究者は「直轄府県」と呼ぶ。

支配のあり方がこのようなものであったのだから、そのような府県や藩の下にある村や町の制度には改変は加えようもなかった。成立間もない新政府にはそうした実力も、政策立案の余裕もなかった。

廃藩置県と「大区小区制」

こうした状況を変化させたのが、明治四（一八七一）年七月の廃藩置県である。廃藩置県によって、藩が廃止されて全国土が一元的に府県に編成される。当初はそれぞれの「藩」を「県」と改称しただけだったが（三府三〇二県）、一〇月から一一月にかけて府県の統合がおこなわれ、三府七二県となる。

従来の藩や直轄県の領域は、規模もまちまちで、かつその管轄区域は錯綜していた。一方、廃藩置県の眼目は、全国を府県という等質の単位に分割することにあったのだから、府県の規模は一定の範囲に揃えられることが必要だった。

府県統合の案はまず大蔵省で立案された。大蔵省の案は全国を三府七三県に統合するものであった。この大蔵省案は太政官で修正され、最終的に三府七二県となった。この過程を検討した大島美津子氏はその特徴として三点を指摘している。第一に、一定の規模を持った大きな藩はそのまま継承され、県とされたこと。第二に、古代以来の「国」の単位がそのまま圏域となった地域が多いこと（たとえば、駿河《するが》国が静岡県に、豊前《ぶぜん》国が大分県になったようなケースである）。第三に、石高三〇万〜四〇万石が基準とされ、各府県の行財政負担能力が区域設定の参考とされたと推測されること。

一方、大蔵省案と実施された統合案との相違点としては、大蔵省案では山口藩（長州藩）、高知藩（土佐藩）という、明治維新の政治過程で大きな役割を果たした二つの藩がそれぞれ二県に分割される予定であったのに対し、最終案ではいずれもひとつの県（山口県、高知県）とされたことが挙げられる。大久保《おおくぼ》利通《としみち》や井上馨《いのうえかおる》といった政府首脳は、かつての維新の功労藩に対して中央政府のコントロールが利かなくなる事態を恐れたのであろう（実際、この後明治六〈一八七三〉年、征韓論政変によって政府を離れた西郷隆盛《さいごうたかもり》や板垣退助《いたがきたいすけ》がそれぞれ出身地である鹿児島県、高知県に帰郷すると、両県の県庁では、西郷や板垣の影響力が非常に大きなものとなる）。しかし、そうした分割案への抵抗は大きく、それを実現することはできなかったのである[21]。

実際に旧藩から新県に行政事務が引き渡され、あらたな統治体制がスタートするのはおよそ明治五（一八七二）年のはじめごろである。府には府知事、県には県令が、長官として任命される（府知事・県令を総称して「地方官」と呼ぶ）。

この段階で、すくなくとも府県レベルでは、モザイク状の統治区域に代わり、一定の規模を持つ等質な府県が全国を覆うことになる。これは、まさに同心円的な世界の成立であるかのように見える。

そして、その印象をより強めるのが、廃藩置県と前後して導入される「大区小区制《だいくしょうくせい》」なる区画制度である。[22]

「大区小区制」とは明治五（一八七二）年にはじまり、明治一一（一八七八）年に「三新法」（郡区町村編制法・地方税規則・府県会規則）が公布され、それが施行されるまでのあいだ、日本国内の各府県で施行された地方制度の名称である。ある府県を複数の「大区」に分割し、それをさらに複数の「小区」に分割して区画を編成したことからこの名がある（ただしこのような二層の区ではなく単層の区を置いた県もある）。それぞれの大区・小区には番号が振られ、「第〇大区第×小区」のように称された。大区・小区には、区長・戸長などの役員が置かれた。

この体制は一見するといちじるしく画一的で、まるで座標軸かなにかで人為的に空間を分割してゆくものであるかのように見える。まさしく、廃藩置県と「大区小区制」によって空間が同心円的に一挙に編成されたように見えるのである。実際、研究史上も長くそれに近い「大区小区制」像が通説を占めてきた。すなわち、近世の人びとの基本的な生活の単位である町や村を無視して政府が中央集権的に設定した行政区画制度であり、そうした無理な制度であったから、政府は人びとの反発を考慮して、郡区町村編制法でふたたび町や村を地方制度のなかに位置づけたのだ、というのである。こうした学説を「旧村埋没論」と呼ぶ。

しかし、実際はそれほど単純ではない。第一に「大区小区制」のあり方は府県によってばらばらである。第二に、「大区小区制」の前提として、前章で見たような近世の組合村の存在を考えなくてはならない。第三に、明治五年に成立した「大区小区制」は、各府県でまちまちであったばかりでなく、各府県でも一度制定された制度が安定することなくしばしば改変される。以下、順番にこの三つの論点について見ていこう。

「大区小区制」と中央法令

第一に「大区小区制」のあり方が府県によってばらばらである。なぜならそれを規定した政府の法令があいまいで、さまざまな選択の余地が地方官に残されていたからである。しかもその法令は単一の法令というわけではなく、「大区小区制」は複数の法令を通じて結果的に形成された制度という性格を強く帯びている。

「大区小区制」を形作る全国法令は三つある。ひとつ目、「大区小区制」の起源とされる法令は、廃藩置県より前、明治四（一八七一）年四月四日の「戸籍法」である。同法によって、戸籍を編成するために四〜五の町あるいは七〜八ヵ村を組み合わせて区画を設定すること、その区画に戸籍を取り扱う役人として戸長・副戸長を置くことが命じられた。この戸長・副戸長には、近世以来の庄屋や名主といった村役人を兼任させても、別に置いてもよいとされていたが、いずれにせよこの段階での区画制度はあくまで戸籍を編成するという特定の目的のための区画であり（研究上は「戸籍区」と呼ばれる）、戸長はその名のとおり戸籍を編成するための役人である。ついで明治五年四月九日の太政官第一一七号と呼ばれる法令は、従来の庄屋・名主・年寄などの村役人の名称を廃止し、戸長・副戸長と称することを命じた。

ところが、この二つの法令に「戸長」という共通の職名が規定されていることから、両者の関係をどのように解釈するのかが問題となった。つまり、これまでの村単位の庄屋・名主を戸長と改名して戸籍区の戸長は廃止するのか、あるいは逆にこれまでの村役人の仕事をより広域を管轄する戸籍区の戸長に担わせるのかという二つの解釈が生じてしまったのである。実際の政府の意図は前者であったが[23]、それでは区は廃止するのかという点についてはあいまいな態度をとりつづけ[24]、この間に各府県の地方官たちはそれぞれの判断でそれぞれの区画制度を構築してゆく。それらを踏まえて出された明治五(一八七二)年一〇月一〇日の大蔵省第一四六号では、区に総括の者がいないのは不便であるので、土地の便宜によって区に区長、小区に副区長等を置いてもよい、というこれまたあいまいな指示が与えられ、これによって「大区小区制」の大枠が定められることになった。

「大区小区制」の形成過程

第二に、「大区小区制」の前提として、前章で見たような近世の組合村の存在を考えなくてはならない。

前章で見た多摩地域の幕府代官江川太郎左衛門支配蔵敷組合の場合を例にとって、具体的に見てみよう。戊辰戦争に際して、韮山代官江川太郎左衛門は早々に新政府への帰順を表明した。幕領であった江川の支配所は、これによって新政府の直轄地となり、明治元(一八六八)年一〇月、新政府直轄県としての韮山県が設置される。この際、代官江川はひきつづき知事に任命された。したがって明治元年の段階では江川代官支配所村々はそのまま韮山県管下に移されたのみであり、支配関係に変更はなく、支配所組合は従来どおりの機能を果たしている。一方、蔵敷組合周辺の幕領村々でも、代官松村忠四郎が支配する村々は、品川県という直轄県へと組み入れられた。さきほども触れたように、ここで、県といっても、現在の都道府県とは性格は大きく異なる。ここではある代官の支配する村々がそのままそっくり「県」となったわけだから、県といってもモザイク状の支配はそのままである。

明治二（一八六九）年六月、韮山県と品川県のあいだで、管轄地の交換がおこなわれた。その結果、蔵敷組合一二ヵ村のうち、日比田《ひびた》、南秋津《みなみあきつ》、野口《のぐち》、野塩《のしお》、久米川《くめがわ》の各村と、清水《しみず》村の韮山県分が品川県管下に移り、したがって蔵敷組合は蔵敷、奈良橋《ならはし》、高木《たかぎ》、宅部《やけべ》、後ヶ谷《うしろがや》、廻《めぐ》り田《た》の六ヵ村から構成されることになった（図2―1）。

ところが明治三（一八七〇）年一月、韮山県は、人別帳の差出期限など毎年年頭の定例として出される通知を、蔵敷組合六ヵ村の他、小川《おがわ》村、小川新田、廻り田新田、榎戸新田《えのきどしんでん》の四ヵ村を加えた一〇ヵ村を宛先として、蔵敷組合の代表＝惣代《そうだい》であった、蔵敷村内野《うちの》杢左《もくざ》衛《え》門《もん》に送付した。こうした複数の村で回覧される通知のことを「廻状《かいじょう》」という。活版印刷の導入以前で、書類の写しはいちいち手で筆写していた当時、支配者から村々への通知は、複数の村でまとめて一通が送付され、村々のあいだで回覧されながら、村役人がそれを写し取る仕組みになっていたのである。通常、この回覧のグループが「組合村」ということになるわけであるが、前年の管轄地交換の結果、組合村の断片化が発生

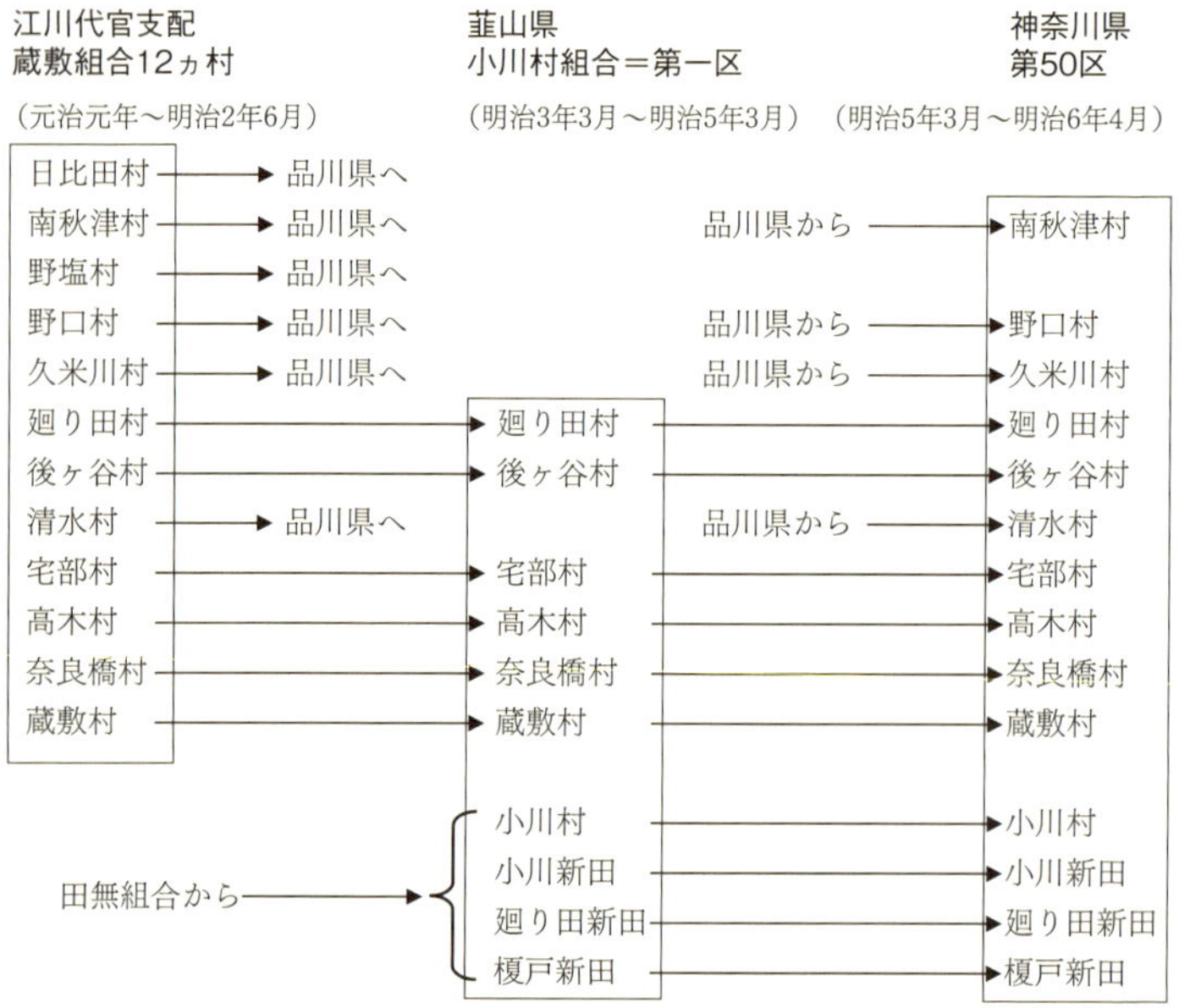

図２－１　組合村の再編・「大区小区制」の形成

し、小川村以下四ヵ村は組合村の所属が不明となり、県としては蔵敷組合の六ヵ村とこの四ヵ村を合わせ、一〇ヵ村を便宜的にひとまとまりとして廻状を送付したのである。

こういうことがつづくのであれば、この一〇ヵ村で組合村を作るのが合理的である。なぜなら、共同で事務を処理する場合には費用が発生するので、こうした便宜的なまとまりを単位として事務処理がくりかえされるならば、その都度費用負担について各村の合意を取りつける必要が生じるからである（実際、蔵敷村内野杢左衛門はこの廻状の送付にあたって、必要となった飛脚賃《ひきやくちん》の出金を各村に要請している）。組合村として固定し、最初に取り決めをつくっておけば、あとは年度ごとに必要経費を精算すればよいので、その手間は省くことができる。

こうした理由から、明治三（一八七〇）年三月四日、一〇ヵ村は韮山県に対し、この一〇ヵ村であらたに組合村を設置したいという願書を提出する。こうして、蔵敷村組合六ヵ村プラス四ヵ村は、合わせ一〇ヵ村からなる「小川村組合」となった。

以上の経緯から明らかなとおり、契機は県が一〇ヵ村を一括して廻状の宛所に指定したことにあるにしても、県の側が直接組合村を設定したわけではなく、村々の側からの動きとして新規組合が設立されているということに注目したい。韮山県の管轄地は、本拠地である韮山がある伊豆と、武蔵国の多摩地方に分散しているが、少なくとも多摩方面では、合計一七のこうした組合が、明治三年の時点で形成されていることが確認される。

そして、この段階で、大区小区制を形作る三つの法令の第一、明治四（一八七一）年四月の戸籍法が施行される。韮山県は、この一七の組合をそれぞれ戸籍区として、一から一七までの番号を付け、従来の惣代を戸長に任命した。ここから、戸籍区が近世の組合村の組み替えの結果として生まれたことがわかる。小川村組合は「一区」となった。

この状態で村々は明治四（一八七一）年七月の廃藩置県、一一月の府県統合を迎える。この過程で、当然ながら、領主支配のモザイク的な状況は解消された。旧韮山県小川村組合を含む多摩地区北部は、明治五（一八七二）年一月から神奈川県の支配に属することになった（なお、多摩地区は現在東京都に属するが、多摩地区が東京府の管轄に入るのは、明治二六〈一八九三〉年のことである）。しかし、区については、これまでの領主単位に作られた組合村を引き継いで、モザイク状の区が存在したままであった。とりあえず、神奈川県は旧各県の区号の上に「元」を付して暫定的に使用している。したがって旧韮山県一区は「元一区」と呼ばれる。

そして、この管轄替えでも、区が断片化し、余った村々が出てきてしまう。たとえば品川県の管轄を受けていた清水村、野口村、久米川村、南秋津村の四ヵ村は、品川県に所属するほかの村々が入間県の管轄下に移ってしまったため、所属すべき区がない状態となってしまった。そこで、これら四ヵ村は、旧小川村組合＝元一区一〇ヵ村に加入を申し入れる。これをうけて、明治五年三月二日、元一区一〇ヵ村から、県庁に、これら四ヵ村の加入が願い出られ、あたらしい区が成立する。ここでも、県庁が指示を出す前に、村々の方が自主的に動いてあたらしい区を作ったことに注目したい。こうした、あたらしい区の形成は、神奈川県の各地でおこなわれ、こうして明治五年四月一七日をもって新区画設定が完了する。全県下は八四区に編成され、元一区は第五〇区となった。

ここで、「大区小区制」の形成に関わる第二の法令、明治五年四月九日の太政官第一一七号にもとづく名主・年寄等の廃止、戸長への改称が実施される。神奈川県のこの法令の解釈は中途半端なもので、戸籍区の戸長と、名主を改称した町村の長としての戸長をともに置くというものだった。両方とも戸長では区別がつかないので、区の長を「元戸長」と呼んで区別している。

なお、第三の法令、明治五年一〇月一〇日の大蔵省第一四六号が出た際には、神奈川県は特に対応をとっていない。法令上は「区長」等を置いてもよい、とされているので、「元戸長」でもよかろうという程度の判断だったと思われる。なお、神奈川県の場合は、「大区小区制」といっても、「区」が一重の場合である。

以上の近世組合村から「大区小区制」への変化を見ると、どのようなことがいえるであろうか。

まず、明治の「区」は、近世組合村を再編成することによってつくられたということがわかるであろう。しかし、個々の区の領域的な範囲を見てみると、個々の近世組合村の範囲とは一致しない。たとえば、蔵敷組合は一二ヵ村であったが、小川村組合、韮山県第一区を経て成立する神奈川県第五〇区は一四ヵ村である。とはいっても、このような村々の組み替えは、近世でも支配替えがあれば起きていたことである。だから、村々の組み合せが違ったからといって、明治の「区」が、近世組合村と性格が違うものだということはできない。

そして、区は、決して県庁が一方的に上から押しつけて形成されたものではない、ということである。むしろ支配替えが起こるたびに、村々の側で自主的に動いて、あたらしい組み合せをつくっていった。村々と県庁のあいだでなにかを取りまとめる組織や代表者がいないと不便であり、またその経費についてあらかじめ合意を形成しておくことが必要であるという認識が村々にあったからだろう。したがって、区は村という単位を無視して「上から」つくられたという、「旧村埋没論」の理解は妥当性を欠くものである。

改変される「大区小区制」と町村の位置

第三に、明治五(一八七二)年に成立した各地の「大区小区制」は、その後も安定を見せることなくしばしば改変される。

そもそもこの時期は府県自体が合併や分割をくりかえしており、今日の府県の境界に近いものができあがるのは、明治九(一八七六)年に三府三五県に府県が統合されることによってである。大島美津子氏は、この統合の背景には、旧藩士族集団が県庁内で大きな勢力を持ち、中央政府の意向が貫徹しない、いわゆる「難治県」を排除すること、財政的要求にもとづく経費の節減をおこなうこと、という二つの目的があったと指摘している(その後いくつかの県が分割され、明治二一〈一八八八〉年三府四三県となる)[25]。

府県の統合・分割に伴って区画制度が変更されるのは必然的であった。一方で統合された府県が以前の府県の区画制度をそのまま引き継ぎ、一県のなかに二つの区画制度が併存するといった事例も見られる。たとえば、明治六（一八七三）年、群馬県と入間県の合併によって熊谷《くまがや》県が成立した際、熊谷県は、旧群馬県と旧入間県の大区小区制をすり合わせることなく併存させ、番号も通番にせず、それぞれに「南」「北」を冠することによって対処した。

また、区画制度や区の境界を変更することもおこなわれた。神奈川県の例をひきつづき挙げると、明治五年に区—町村の単層の区制（全県八四区）として成立した神奈川県の区画制度は、明治六年四月に区—番組—町村の三層制に再編され（全県二〇区。区の長として区長、番組の長として戸長、町村の長として用掛が置かれる）、さらに明治七（一八七四）年六月には区が「大区」に、番組が「小区」に改称される。

大区・小区・町村と役員の名称の対応関係を変更することもある。神奈川県の例でも見たとおり、大区・小区・町村の長は区長、副区長、戸長、町村用掛などさまざまな名称で呼ばれたが、これらがどのレベルの役職を意味するのかは府県によりまちまちであり、また府県によって変更されることもあった。たとえば入間県では、明治五年八月の制度では、小区の長が戸長、町村の長が副戸長となっていたのを、明治六年五月に、大区の長を区長、小区の長を副区長、町村の長を戸長と改称した（しかも区長は実際には任命されなかった）。

この町村の役員の名称の問題と関係して、「大区小区制」の下での町村の位置について触れておきたい。大区・小区が設定されても近世以来の町村が直ちに否定されたわけではなかった。まず、この時期は地租改正によって地租の納入責任が土地所有者に確定される以前の、近世以来の村請制が存続している段階であり、租税の納入に責任を負う主体としての町村が否定されることはありえなかった。[26]また、もっとも基本的な役職である戸長というポストの設置単位が町村である場合、行政事務執行上の町村の役割が大きい（逆に戸長が小区の長として設置される場合、町村の役割は相対的に小さい）という点が指摘されている。[27]

「大区小区制」とは何だったのか？

このように「大区小区制」は、到底人為的で画一的とは言いがたい、不統一で複雑な制度なのであるが、「区」といった名称や、番号によって区画を示す発想など、地域の実態や地方官の裁量だけでは説明できない点があるのも事実である。以前の通説を主導した論者たちは、一九八〇年代の研究の進展の結果、それぞれの見解を部分的に修正し、このズレを新しい地方制度の創出をめざす中央政府の意図と、実際にはそれが貫徹しなかった点に求めようとした。[28]しかしそれにしては上で見たとおり中央政府の法令はあいまいであり、何を貫徹させようとしているのか、何らかの強い意志をそこに読み取ることは困難である。この時期の政府中枢のメンバーにとって、地方の区画の設定はそれほど大きな政策課題ではなかったと考えるべきではないだろうか。

それは被統治者の側でも同様である。明治九（一八七六）年四月に東京神田通新石町《しんごく》三番地倉田太助なる人物によって発行された「近世珍奇くらべ」という摺物がある。[29]天保期以来の「珍奇」な出来事を、番付に見立てて並べたもので、東方の筆頭には「江戸大地震」、西の筆頭には「信州の大地震」、行司の位置に「東下リ御鳳輦《ほうれん》」、以下「伏見の大戦争」「奥羽越の戦争」「横浜之開港」「蝦夷地の開拓」など一九〇個の「珍奇」が五段にわたって列挙されている。そのなかに「大区小区の界別」も掲げられているのであるが、位置は東の五段目の最末尾、つまり下から二番目の順位にすぎない。「珍奇」には違いないが、それほどの大事件でもなかった、という位置づけがうかがわれて興味深い。

　同時代人にとっての問題の小ささを考えるうえで示唆的なのは住所の書き方である。この時期の人びとは、書類の提出時などに単に大区・小区の番号を書くだけではなく、たとえば「熊谷県管下南第八大区三小区／武蔵国幡羅《はたら》郡下奈良村／農　飯塚方[30]」と二行にわたって住所を書くことが多い。一行目は府県・大区・小区の系列であり、二行目が国・郡・村の系列である。これは、近世の人びとが「植村久五郎《うえむらきゅうごろう》知行／武州幡羅郡下奈良村／名主　吉田市右衛門《よしだいちえもん》[31]」と差出人の肩書きを書くのとよく似ている。府県・大区・小区の系列は近世の領主名の部分と対応しており、こちらはその場所を支配する権力の名称を示すのに対して、空間的な位置の特定は国・郡・村の系列でなされるわけである。前者が変更されても後者は影響を受けない。前章で見たとおり、近世には、ある大名や旗本の支配する地域が変更されることは珍しくなかった。そして、廃藩置県後も府県の境界や名称はしばしば変更された。ある一円的な空間の範囲が同時に政治権力の単位である（たとえば「埼玉県」という名称は、政治権力の主体であると同時にその空間的範囲も示している）という政治権力のあり方とは異なった権力のあり方がこの時期には存在していたのであって、「大区小区制」は現在の市町村合併の問題などとは単純に比較できない。むしろそれは、近世の組合村の流れを汲む、村々の連合組織であったと考えるほうが妥当である。廃藩置県と「大区小区制」とは、同心円状の世界を一気に創出したわけではなかった。むしろ、モザイク状の世界は、「大区小区制」の下でも存続していると考えるべきなのである。

2 明治初年の町村合併

政府の方針と町村数の変化

大区や小区といった区画は、近世の町村より広範囲な空間を区としてまとめるものであるが、町村そのものを合併してしまうことについて、政府はこの時期どのように考えていたのであろうか。

明治政府が発した法令のなかで、町村合併に関するものとしてもっとも早い時期のものは、明治二（一八六九）年一一月一七日の布達で、村の名称変更および合併・分村に関しては、その都度民部省《みんぶしょう》（中央政府の省のひとつで、国内行政を担当した）に伺を出し、その指示を受けることを命じたものである。これによって、合併および分割の手続きは、中央政府の決定を仰ぐことが規定された。この手続きは以後も原則として変わらない（民部省は曲折の末明治四〈一八七一〉年に大蔵省に合併されるが、明治六〈一八七三〉年に内務省が設置されると、内務省が府県から提出される町村分合《ちょうそんぶんごう》の伺を受理する機関となる)。

ついで、明治五(一八七二)年四月一〇日、これまで「一村」のなかで「分界」を設けてきたものは、以後この区分を廃し、合併して一村となる手続きを取るよう命じる法令が出される(太政官第一一九号)。この法令の制定趣旨を述べた文書のなかで、提案者である大蔵大輔《おおくらだゆう》(大蔵省の次官)井上馨《いのうえかおる》は、「これまでひとつの村が、複数の領主に支配されることによって、二つないし三つに分割され、村役人もそれぞれの領主ごとに設置し、すべてひとつの村を複数に分割したかのように取り扱ってい る例が多く存在しており、そのため村の費用もかさみ、無駄な手数もかかっている」という状況を指摘している。つまり、この法令のねらいは、村人の生活のうえでは事実上ひとつの村を構成しているのにもかかわらず、領主支配の都合で、二つないし三つの村であるかのような体裁をとっている村を、実態に合わせて一村とすることを促す、という点にある。

大蔵省は、翌明治六年一二月二五日にも、この明治五年の法令を徹底させるよう命じると同時に、領主支配の都合で分かれている村ばかりではなく「これまで独立の村であっても、戸数・面積が小規模の村で、合併をしない場合なにかと無駄な労力や費用がかかり、区の費用・村の費用がかさみ、住民にとって不都合が多い村々は、徐々に合併をする方針で計画を立てるように」と命じた。

以上のとおり、明治五年から六年にかけて打ち出された中央政府の方針は、町村合併を促進する方向のものであった。ただし、当初問題になっていたのは、実態としてひとつの村であるものが、領主の支配の関係などで名目上複数の村に分かれているような場合であり、それ以外の合併も限定的・部分的なものとして考えられていた。

ところがこうした方針は明治八（一八七五）年になると、町村の合併を原則として禁止する方向へと転換される。明治八年二月八日、内務省は、町村の合併は、住民が特別に合併によって便益を得る場合か、やむをえない事情があるもののみを認めることとし、それ以外の合併及び名称の変更を禁止したのである（内務省乙第一四号）。

こうした合併政策のなかで、日本全国（北海道・沖縄をのぞく）の町村の数は、明治七（一八七四）年の七万八二八〇から、明治一一（一八七八）年の七万一七一一に減少した[32]（ただし、実際にはより多くの合併がおこなわれたと推定される）。「大区小区制」期にそれなりの数の町村合併がおこなわれたこと、また、合併が原則的に停止された明治八年以降も合併が進んだことがわかる。

しかしこうした合併については、一概に評価を下すことはできない。合併のなかにはさまざまな性格のものがあり、また地域的にも、府県の政策として合併が進められた地域、進められなかった地域がある。特に合併が進んだ府県としては、人文地理学者の井戸庄三氏は山梨、岐阜、長崎、長野の四県を挙げている[33]。一方、政策的な推進が見られない県でも、散発的な合併はおこなわれている。

結論から言えば、この時期の合併は、①従来から一村であったものを、実質に合わせて一村化したもの、②政策的に推進されたもの、③地租改正に伴う町村の性格の変化によるもの、の三つの契機に大別して考えることができる。以下、散発的な合併がおこなわれた県と、政策的な合併の推進がおこなわれた県を取り上げて、その具体的な様相を見てゆこう。

散発的な合併

散発的な合併がおこなわれた例として、熊谷県の場合を取り上げる。熊谷県は、前にも述べたとおり、現在の群馬県と埼玉県の西部にあたる部分で、明治六（一八七三）年から、明治九（一八七六）年まで存在していた県である。この県は、明治七年五月から明治九年七月までのあいだに、六七件の合併を政府に申請していることが史料上確認される。[34]

合併は、まず合併する町村から県に出願があり、県庁が審査してそれを内務省に提出し、内務省がその可否を決定する、という手続きでおこなわれる。実際の発案者が県庁である場合もあったであろうが、形式上はすべて町村の側の出願からはじまることとなっており、合併する町村の自発的な意志が前提である。

出願を受けた政府の対応であるが、明治八年二月の、町村合併原則禁止以前では、出願総数四四件に対し、承認されたものが二四件、再調査を命じられたうえ、再度の出願で承認されたものが二〇件であり、内務省が却下したものはない。一方、明治八年二月以降の対応は、出願総数二三件に対して、承認されたものが一四件、再調査のうえ承認されたものが一件、却下されたものが五件、却下された後、再度の出願を経て承認されたものが三件であり、合併の原則禁止後は、政府が府県から出願された合併を却下する場合もあったことがわかる。

それでは、合併を出願した理由はどのようなものであったか。県庁から内務省に提出された書類には一通で複数の合併を申請しているものもあり、それぞれについて個別の事情を明らかにするのは難しいが、おおよそ以下の六つが主要な合併の理由として、書面には掲げられている。

①実質的に一村の状態にある、これまで支配上の都合で複数村にわかれていたもの
②飛地の存在、境界が入り組んでいるなど、地形上の問題
③規模が小さい、費用負担が大きい
④旧来一村であったものが分村化されている、または合併対象となる村が「持添《もちぞえ》」である(「持添」とは、ある村が開墾し、その村の付属となっている土地のことである。いわゆる「新田」であり、その新田が独立の村を形成した場合でも「持添新田」として開墾の主体となった村〈本村〉に付属する扱いを受ける。なかには「無民家持添」といって、石高と耕地は存在するのであるが、すべて本村の住民が耕作しており、その新田村に居住する住民は一人もいない、という場合もある)
⑤その他(都市部の合併など)
⑥地租改正事務遂行上の不便

こうした合併の理由のうち、①と④は、「すでに実質的に一村である」ないし「かつて一村であった」という「後ろ向き」の理由による合併であることに注目しておこう。この二点を理由に掲げる合

併は総数六七件のうち合計で二五件におよび、熊谷県の町村合併の大きな部分を占めていた。

たとえば、明治八（一八七五）年一月一九日、熊谷県が内務省に、旧旗本知行所村々の一括合併（六三ヵ村を一六ヵ村に合併）を上申したのはその一例である。合併の原則停止に舵《かじ》を切りつつあった内務省は、大規模な合併はかえって害を生じる恐れがあり、その必要性について再調査することを命じた。これに対して熊谷県は、これらの村々は、ひとつの村が三人ないし四人の領主に分割され、五戸とか一〇戸とかに一人といった過剰な人数の村役人が設置されている状況にあり、これらを整理統合することは多数の村を合併して広大な村を作るということではない、という点を強調して、内務省から承認を得ている。「大区小区制」期の合併には、こうした「すでに現状において一村であるものを、名目上も一村にする」というケースが多く含まれていたのである。

政策的な合併

県庁主導で、政策的な合併が進められたケースとして、筑摩《ちくま》県の場合を取り上げてみよう。筑摩県は、廃藩置県後、現在の長野県南部と岐阜県の飛騨《ひだ》地方を管轄した県である。明治九（一八七六）年、飛騨地方は岐阜県に、それ以外は長野県に合併された。

筑摩県が町村合併の方針を提示するのは、明治七（一八七四）年一月一二日の県内宛の達によってである。この達で筑摩県は、さきにふれた明治六（一八七三）年一二月二五日大蔵省達（小村の合併を促したもの）を示したうえで、このような通達があったので、各大区で合併の見込みを取りまとめ

	小区数	元村数	合併町村数	戸長数	副戸長数	村吏数計	12～17年分離件数	村吏数／元町村数	分離件数／合併町村数
筑摩郡	57	237	53	52	214	266	15	112.2%	28.3%
安曇郡	32	179	34	34	125	159	2	88.8%	5.9%
諏訪郡	24	158	24	24	85	109	1	69.0%	4.2%
伊那郡	64	298	59	59	246	305	34	102.3%	57.6%
	177	872	170	169	670	839	52	96.2%	30.6%

出典：『長野県史　近代史料編　第二巻（三）』、『長野県市町村合併誌』（1965年）、p. 245
小区数・元村数は明治８年、戸長数、副戸長数は明治９年８月

表２－１　筑摩県下信濃４郡の町村合併状況

て、二月二八日までに提出するように、と命じたのである。[35]そして、この命令にもとづき、明治七（一八七四）年八月から明治八（一八七五）年一一月にかけて、大蔵省達の範囲を超え、実質的には一小区を一町村とする大規模な合併が推進される。[36]

その結果を表2―1に示した。筑摩県管下のうち、現在の岐阜県飛驒地方をのぞいた、信濃四郡の町村合併の状況である。町村の総数は約五分の一となり、小区の数と町村の数がほぼ一致することが見てとれよう。しかし、注意すべきは町村の数だけではなくて、戸長、副戸長などの村吏の数である。戸長は各町村に一名だが、それを大きく上回る数の副戸長が任命されているのである。

その一例として、第三大区二小区会田《あいだ》村（現在の長野県松本市の一部）の場合を表2―2に示した。明治七年、合併前の七ヵ村には、会田《あいだ》町《まち》村に戸長一名、副戸長三名、その他六ヵ村に副戸長二名ずつという吏員の配置であった。これが、合併後には、旧会田町村に戸長一名、副戸長二名、旧宮本《みやもと》村には役員なし、その他の村に副戸長一名ずつ、という体制になる。つまり、基本的には

合併前村名	氏名	明治7年5月	明治8年2月	明治9年8月
会田町村	堀内源六郎	戸長	戸長	
	堀内真十郎	副戸長		
	大河内織衛	副戸長	副戸長	副戸長
	堀内五郎	副戸長	副戸長	
宮本村	芦沼清造	副戸長		
	召田源平	副戸長		
西宮村	滝沢善四郎	副戸長	副戸長	副戸長
	小沢九平	副戸長		
北山村新田	伴在小平	副戸長		
	小林喜代次	副戸長	副戸長	副戸長
落水村	桐原金四郎	副戸長		
	久保次平	副戸長	副戸長	
井苅村	降籏勇作	副戸長	副戸長	副戸長
	山岸与三郎	副戸長		
執田光村	和田喜惣次	副戸長	副戸長	
	丸山九八	副戸長		

出典：『長野県史　近代史料編　第二巻（三）』
明治９年８月には戸長１名が任命されているが、居村不明。

表２－２　筑摩県第三大区二小区会田村の役員配置

合併前の村を単位として副戸長が置かれるという体制に大きな変更はないのである。ただし、明治九（一八七六）年に入るとさらなる減員がおこなわれる。いずれにしても、合併したからといって、役員の数が一人になるわけではない。この時期には、現在のように、一市町村に一首長という体制が自明であったわけではないことに留意しておきたい。

それを踏まえてふたたび表2―1を見ると、元村数八七二に対して、正副戸長の合計は八三九名であることがわかる。平均すればほぼ旧町村に一人の正副戸長が任命されていることになる。ただし、吏員の数には郡ごとの差が見出せる。筑摩郡、伊那《いな》郡では村吏の数の方が旧村数より多く、安曇《あずみ》郡・諏訪《すわ》郡では少ない。筑摩・伊那では旧町村の枠組みが強く残り、合併後も旧町村に代表者として戸長ないし副戸長を置く傾向が強かったのに対して、安曇・諏訪では、吏員の数も減少させる実質をともなう合併が進んだと見られるのである。こうした差には、山間部が多いか平野部が多いかという地形上の問題も関係している可能性がある。山間部で集落と集落の距離が離れている場合、村吏が自分たちの集落からいなくなることの不便は大きいと考えられるからである。

このように筑摩県の政策的な大規模合併も、必ずしも額面どおりに合併が進んだと受け取るわけにはゆかないのであるが、その結果起きたのが、明治一二（一八七九）年以降、一度合併した町村のあいつぐ分離である。この年、第四章で述べる地方三新法のひとつ、郡区町村編制法が施行される。郡区町村編制法の条文には、複数の村に一人の戸長を置いてもよい、という規定はあっても、ひとつの村に複数の戸長を置いてもよい、という規定はなく、また副戸長という職も廃止された。「大区小区制」期のように、ひとつの村に複数の副戸長を配置し、合併の衝撃を緩和するという措置が採れないのである。こうして、郡区町村編制法は、ひとつの町村に一人の戸長という体制を、合併によって生まれた旧筑摩県の町村に強制することになった。その結果、旧村単位で一人の戸長が置けるように、村を再分離したい、という要求がつぎつぎと町村から県に寄せられることになったのである。

明治一二年二月二一日、長野県令楢崎寛直《ならさきひろなお》は、内務省に上申書を提出し、他の府県では「類例」のない筑摩県の合併の結果生まれた町村については、今後の分離があいつぐであろうことを予告して、あらかじめ了解を求め、三月六日に内務卿の許可を得ている[37]。表2―1からは、明治一二年から一七（一八八四）年のあいだに、旧筑摩県四郡の約三割の町村が分離していることがわかる。特に、合併後、多くの村吏を配置し、合併が実質化していなかったと思われる筑摩、伊那両郡で分離件数が多いことは、郡区町村編制法による一町村一戸長規定が分離の引き金であったことをうかがわせる。

以上のような、「大区小区制」期の町村合併をどのように評価すべきであろうか。熊谷県、筑摩県の場合を見てきたが、この時期の町村合併は、多様な契機でおこなわれており、一概に判断することはむずかしい。しかし、全体として数のうえでは減っていても、①かつて一村であったものが領主支配の都合で二村に分離されたものの再統合など、実態として一村であったものを名目上も一村に統合するケースが含まれていること。②政策的に合併が推進された場合でも、戸長や副戸長を合併前の町村に分散して配置することが可能であり、旧村単位のまとまりを維持できたことなどを考慮に入れれば、その影響を大きく見ることはできないというべきであろう。

この時期の町村合併は、個別経営の職業的利害と密接に結びついた社会集団としての性格を依然として持っている。その意味で、モザイク状の世界は依然として存在している。廃藩置県によって支配の錯綜は整理され、同心円状の世界を生み出す条件は外枠だけ整ったが、「大区小区制」にしても町村合併にしても、その内実を変えていくものではなかったのである。モザイク状の世界から同心円状の世界への制度の張り替えは、つぎに述べるように地租改正にはじまる。そしてそれにもとづいて制度が全面的に見直されるのは、第四章で述べる明治一一（一八七八）年のいわゆる「三新法」が公布されるのを待たねばならない。

地租改正と合併

これまで述べてきたような「大区小区制」期の町村合併のうち、実質的に一村であったものを名目上も一村にする合併や、村吏を多数配置することで形式的に合併が進行したように見える合併とは性格を異にし、歴史的に新たな段階を画する町村合併として重要なのが、地租改正に伴う合併である。先に熊谷県の町村合併を見たところで、合併の理由の⑥として掲げたものであるが、地租改正の作業が進行する明治九（一八七六）年に入ってから、熊谷県では一一件の合併が、地租改正の事務遂行上の都合を理由としておこなわれているのである。

地租改正とは、明治六（一八七三）年七月二八日に公布された地租改正法にもとづき実行された土地制度・税制の改革である。地租改正事業では、全国の土地が調査され、土地片ひとつひとつについて、その面積と、収穫量が確定された。それにもとづいて地価が算出され、地価の三パーセント（明治一〇〈一八七七〉年に引き下げられ、二・五パーセントとなる）を、近世の年貢に代わるあらたな国税、「地租」として徴収することにしたのである。この調査は、中央政府にとってはもちろん、現地で実際に作業に当たる区戸長たちにとってもきわめておおきな負担を伴う一大事業であった。

この改革によって、これまで旧領主ごとにまちまちであった年貢に代えて、全国一律の租税制度が導入され、かつそれは金納に統一されることとなった。それに加え、本書の課題である村の変容について重要なのは、地租改正は、近世の村の機能の柱である村請制を解体したということである。

地租改正では土地片ひとつひとつの所有者とその納税額が確定される。これによって、これまで村単位で賦課されていた年貢に代わり、土地所有者一人ひとりが納税に責任を負うことになる。

村請制が存在しているかぎり、それは町村の合併の制約要因として機能する。そのことを示す事例として、熊谷県南第一大区七小区・比企《ひき》郡安塚《やすづか》村と飯島《いいじま》村のあいだで、明治七（一八七四）年に発生した紛争を見てみよう。この年、南第一大区七小区では、村々の合併ないし吏員の統合が協議されており、そのなかでこの二つの村が合併するかどうかが問題になったのである。

安塚村が提出した願書[38]によって事実経過を整理するとつぎのようになる。明治七年七月六日、小区の会議の席で、飯島村から安塚村に合併の話があったが、安塚村の村役人は、合併すると耕地の高低格差が大きすぎ、水害のときなどは安塚村だけが被害を受ける可能性があるが、その場合被害を受けなかった飯島村と平均されてしまうと、一村単位の被害が軽くなってしまうので、一村であれば県庁に出願して貢租の減免を受けることができるのに、合併してしまうと減免が不可能になってしまう、として懸念を表明した。それに対して飯島村側は、そのような場合は、被害を受けた場所だけを、県庁に願い出て「検見《けみ》」（県庁役人の実地調査）の対象とし、減免を受けることができるので、その心配はないと述べた。そこで、いったん村役人間の合意に達し、安塚村の戸長が村に帰って住民の意見を聞いたところ、飯島村の言うことが本当かどうか、県に伺を立てることになった。ところが県の返答はそれと異なっていたので、合併は保留ということになったが、飯島村側は立腹し、飯島村地内の用悪水路の使用を拒否した。

ここで見て取れるのは、村請制という枠組みの存在が、安塚村にとって合併に踏み切ることを制約する要因となっていることである。水害時に県庁から貢租の減免を受ける条件は、一村単位で一定以上の被害を受けていることなのであって、水害の被害のない村と合併してしまうと、その条件が満たされなくなってしまう。この安塚村の懸念は根拠のないものではなく、村請制を前提にするかぎり県はそうした方針をとらざるを得なかったことは、この年の七月、南第一大区七小区の副区長鈴木《すずき》庸行《つねゆき》から県に宛てて出された伺と、それに対する指令に示されている。[39] 鈴木の質問事項は、甲村と乙村が合併した後、旧甲村が豊作で、旧乙村が凶作であった場合、旧乙村地域だけ、「検見」を経て租税額を減少させることが可能かどうか、という点にあったが、県庁の回答は、合併してひとつの村となった以上は、すべて同一の取り扱いであり、村の内部で区分を設けることは認められない、というものであった。地租改正以前に村が合併するということは、「村請制村として合併する」ということにほかならなかったのである。

ところが、地租改正の終結（地域によって異なるが、明治九〈一八七六〉年から一一〈一八七八〉年までが終了のピークである）は合併の制約要因を除去することになる。実際、合併に躊躇した安塚村の願書のなかには、地租改正による新たな税法が導入されれば「強いて心配するにはおよばない」と、そのことが明記されている。地租改正によって租税負担が個人責任化すれば、村単位での被害状況の差を勘案する必要はなくなり、租税の減免は、租税納入不能の状態に陥った個人と、徴税する官庁との一対一の関係に還元されてしまうからである。地租改正による村請制の解体は、租税の納入を個人の責任とする。そのことによって、村という団体を、個別の経営の利害から切り離すのである。

地租改正中に村の合併が出願されるのは、直接には、地租改正作業のために村ごとの耕地の図面を作成する必要があり、飛地が多かったり、境界が入り組んでいたり、村の規模が小さすぎたりすると、作業効率が低下するからである。村ごとに図面を作成するためには、村が、一定の規模で、まとまった空間を構成していた方が都合がよい。効率性の観点から、村が「一円的」領域を構成していることが求められるのである。しかし、単純に図面作成の便宜上から、村の空間が一円化するということは、その村の境界は、これまでの歴史的経緯や、現に存在する個別の利害から切り離され、無意味なものになるということである。

もう一度、近世の村の性格をふりかえってみよう。近世の村は、百姓という職能によって定義される身分集団の共同組織、「地縁的・職業的身分共同体」であった。それによって、村は、個別の経営

（家）の職能的利害と密接に関わり、それを保護するものとして存在していた。ところが、地租改正を経て、個別の経営（家）単位の職能的な利害と別個なものとして町村が定義されるとき、町村は、無内容で均質な空間へと変化する。

こうして、村は、明確な境界で囲い込まれたひとつの単位、同心円状の世界を形作る同心円のひとつになる。それは、その単位が、諸個人にとって切実な意味を持つからではなく、そうした意味を失うことによって、可能になる。明確な境界線は、それに意味があるからではなく、それに意味がないからこそ、引けるのだ。これが、同心円状の世界が生まれる基底にある原理である。

とはいえ、地租改正によるこうした町村という団体の性格の変化は、この時点では潜在的なものである。地租改正にともなう町村の合併は、原理的には重大な変化がそこにあったことを指し示してはいるが、散発的に発生したに過ぎない。

こうした状況が大きく変化するのは、明治一一（一八七八）年の、いわゆる「地方三新法」の制定によってである。次章では、こうした変化に帰結する、さまざまな主体の制度改革の構想について見てゆこう。

第三章

制度改革の模索

モザイク状の社会のなかから、これを変化させて同心円状の社会を創り出そうという動きがあらわれる。

本書でここまで論じてきたことをふまえるならば、モザイク状の社会の解体とは、近世社会の構成単位である身分制的な社会集団という枠を取り外し、切実な利害と切り離された均質な空間を創り出してゆくプロセスということになる。

こうした動きの担い手となったのは、実際に制度を運用している区長や戸長たちと、中央で政策の立案にあたる官僚たちであった。この二つの集団が基本的に同じ方向を向いていたからこそ、実際に制度は変革されたのだともいえる。中央の官僚たちが政策を実施しようとしても、区戸長たちがそれにしたがわなければ制度は機能しなかっただろうし、区戸長たちが制度改変を要求しても、中央の官僚たちがそれをとりあげなければ、全国的な制度の変革が起こることはなかっただろう。この両者がともに変革を志向したのは、「大区小区制」期の制度がすでに機能不全を起こしていたからにほかならない。

本章では、こうした機能不全の原因、そうした機能不全への対応策として、それぞれの主体が制度改変を志向したこと、その帰結が、明治一一（一八七八）年に出される統一的地方制度改革法令、いわゆる「地方三新法」であったことを見てゆくことにしたい。

1　区戸長たちのフラストレーション

村請制下の再生産維持

区長や戸長たちが変革を求めた理由を考えるためには、村請制という仕組みのもとで、村の責任者である名主・庄屋といった村役人たち、つまり明治になって区長や戸長になってゆく人びとがどのような問題に直面していたのかについて見る必要がある。

第一章で見たとおり、近世の「村」とは単なる地域団体ではなく、人びとの暮らし、つまり農家経営の再生産を支える装置であった。しかし、人びとの暮らしを支えていたのは村という団体だけではない。近世の農家経営を支える仕組みについて、ここで図式的に整理しておこう。

近世の農村に住む農民にとって、自然災害による凶作は、一定の間隔で避けがたく発生する問題であった。凶作には、冷害などの気候不順、害虫の大発生などにより、広い範囲で発生し、全国的に「飢饉」を引き起こすような規模のものと、地域的な災害、たとえばある地域で河川が氾濫して、その地域の農作物が被害を受けるような場合とがある。前者のケースとして著名なものとして、「天明の飢饉」（一七八〇年代）、「天保の飢饉」（一八三三〜一八三六年）などがあげられよう。

それでは凶作が発生してしまった場合、人びとはどのようにしてこれに対応するのであろうか。おおざっぱに言えば、近世社会では大きく分けて、二つの方向でこれを処理していたと考えられる。

　基本となるのは、大名や幕府、つまり領主による対応である。領主は一般的に、農民、つまり百姓の生計維持を保障する役割を持つと考えられていた。当時の言葉で、これを「百姓成立《ひゃくしょうなりたち》」という。「百姓成立」を保障するために領主は「御救《おすくい》」をする。[40]

「御救」の中身は、第一に、年貢の減免、第二に、食料・種籾《たねもみ》の給与ないし貸与である。前者は領主が取得する年貢を減免することによって、百姓の負担を減らすことであり、後者は、困窮している百姓に食料を与えたり、種籾を与えたり、貸したりすることによって、百姓の生活を支えるわけである。

　もうひとつの方向性は百姓相互の助け合いによって危機を乗り切る方向である。つまり、百姓のなかでも裕福な者、あるいは被害が相対的に少なかった者が、貧しい者、被害を受けた者を援助するのである。

　ここで、近世の村が「村請制」の村であったということを思い出す必要がある。年貢の納入の責任は村が負っている。たとえば、ある一人の村人が困窮して、年貢が納められなくなったらどうするか。もし、領主が年貢の減免をしてくれないのであれば、他の村人がなんらかのかたちでカバーして納入するしかない。これと同様に、領主の御救がじゅうぶんでなければ、他の村人がカバーして、その困窮している人間を救ってやるということになる。見殺しにしてもその家の分の年貢が減免されるわけではない。

以上の関係を整理すると、図3―1のようになる。①の方向が領主による「御救」、②の方向が百姓同士の助け合い（「助合《じょごう》」）である。問題は、近世後期になってくると、幕府や藩といった領主に財政的余裕が失われ、①の負担が次第に②に転嫁される傾向が強まる、ということである。そして、②の相互扶助は基本的には村請制の村が単位となっておこなわれるのである。

一例として、幕府直轄領であった武蔵国多摩郡小川村（現在の東京都小平市）が、明和八（一七七一）年に代官所から食料を借用したケースを見てみよう。[41]

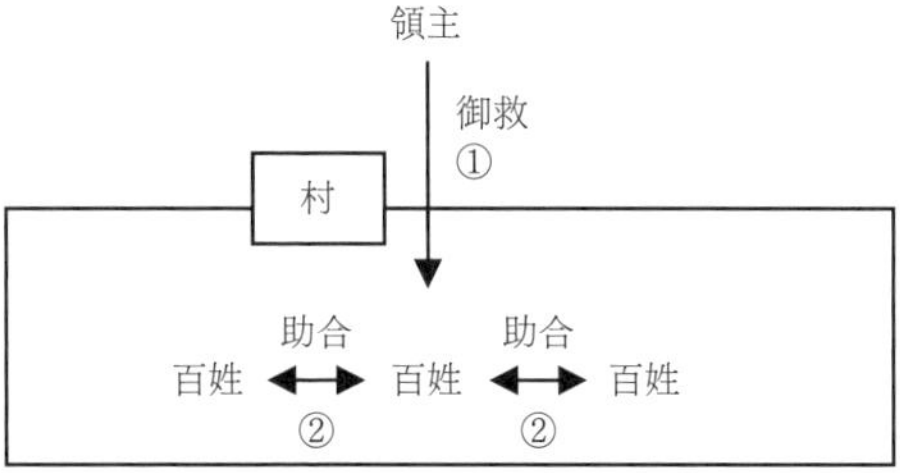

図3－1　近世農村の再生産維持の仕組み

まず、小川村が食料の借用を代官所に願い出たところ、代官所側は、食料の借用は重大案件であって、簡単には許可できないこと、また、年貢の減免を受けるためのアリバイ作りとして借用を願い出る場合があることを理由として、これを却下した。小川村側は再度の嘆願をおこない、これを受けて代官所役人が現地調査を実施した。役人は、この年は春に収穫する麦が豊作であり、秋の収穫が多少不作でも食料に困るということはないはずである、と指摘した。これに対して村の側は、春に収穫した麦は年貢上納に充ててしまい、秋の収穫を食べつくしたため食料に行き詰まっている、と回答した。それを受けて役人は、仮に食料の借用が許可されるとしても、それまでに時間を要するが、そのあいだはどのように乗り切るのか、と質問した。これに対して、村側は、余裕がある者が余裕のない者を助けることによって対処する、と回答している。

ここで領主側は、食料の借用は簡単に許可できないという姿勢を強調している。そして、領主による救済のこのような後退によって生じる空白を引き受けるべき者とされたのは、村内富裕者による困窮者への救済であった。

この時の小川村の食料借用は実際には許可されるのであるが、その際、貸付《かしつけ》を受けたうえは、貸付を受けなかった村人からも物乞いや餓死者を出さないことを、村役人および村方一同が誓約する書面[42]が作成され、領主に提出されている。領主による救済の後退は、餓死者の発生を防止する責任を村に、とりわけ村役人に転嫁するものであったのだ。

近世後期における救済と備荒貯蓄

さて、以上のような近世の農民の再生産保障の枠組みに、あらたな要素を付け加えたのが、老中松《まつ》平定信《だいらさだのぶ》による寛政の改革の一環としておこなわれた、備荒貯蓄《びこうちょちく》政策の導入である（穀物を貯蓄するので「貯穀」と呼ばれる）。備荒貯蓄政策自体は古代中国にもあり、古くから知られ、また部分的に実施されていたものであるが、幕府が政策として推進したのは、松平定信によるものが最初である。定信政権がこのような政策を実施するにいたった背景には、さきにふれた三大飢饉のひとつ、天明の飢饉の経験があった。天明の飢饉の結果、江戸で大規模な打ちこわしが発生し、この打ちこわしの結果、田沼意次《たぬまおきつぐ》が失脚、松平定信の老中就任をもたらしたといわれる。飢饉対策は定信政権の不可避の課題であったわけだ。

このような備荒貯蓄政策は、近世の農民の基本的な再生産保障の枠組み、領主による「御救」と、村人同士の「助合」に加えて、時間軸を導入したものと考えることができる。自分で貯蓄しておいて、困ったときにそれを取り崩す、というものである。すくなくともこのような措置によって、領主は「御救」の負担を免れることができる。

では、これで村人同士の「助合」はどうなるか。もし、すべての農民が均等に穀物を貯蓄して、困窮時に自分で貯穀した分を取り崩して使う、ということであればこれは単なる強制貯蓄制度であって、そのように機能するならば、「助合」も発動される必要はなくなる。じつは、当初は、制度もそのように運営されていた。

しかし、たとえば貯穀をするときに、裕福な者がより多く拠出し、飢饉で取り崩すときには貧しい者が優先的に受け取るような仕組みにしたらどうなるか。これは、「助合」を時間軸上に引き延ばしておこなうようなものであるから、「助合」のほうの負担は免れないことになる。そして、次第に制度の運用はこうした形態をとるようになる。大きな画期となったのは天保の飢饉である。天保の飢饉では、多くの村でそれまでの貯穀を使い尽くしてしまい、それを再建するときには、もはやすべての村人が平等に負担することはできなくなっていた[43]。

このことは、農民の側でそれだけ富の蓄積が進み、領主の御救を代替する力を持った富裕な農民が村のなかに登場したことを意味してもいるだろう。しかし、そうした富裕な農民にしてみれば、蓄積した富を、村請制というシステムの存在によって吐き出さなくてはならないという事態も意味している。救う者と救われる者が固定されてしまうこうした状況は、特にそうした富裕農民が、村の運営に責任を負う村役人であった場合には非常に大きなフラストレーションとして感じられることになる。

明治三年の浦和県「告諭誌」

明治政府が成立した時点での農民の再生産を支える仕組みは、このようなものであった。つまり、本来的には農民の再生産を支える基本的な仕組みである領主の「御救」が実際には機能しなくなり、農民相互のあいだでの「助合」への依存が強まる状況、実際には、富める者が一方的にしかも継続的に、貧しい者を救いつづけるような状況である。

そして、明治政府は成立時点で非常な財政的困難に直面していた。廃藩置県以前、府藩県三治制期の明治政府は、かつての幕府領を引き継いだ部分、つまり直轄府県のみからの税収に依存している。旧幕府直轄領からの収入で、一国の政府としての収入を賄わねばならない。これでは「御救」機能など発揮している余裕はない。そして、明治政府の成立直後、明治二（一八六九）年は凶作の年であった。明治二年後半から明治三（一八七〇）年前半にかけて、明治政府はなんらかの対策を採る必要に迫られたのである。

しかし、できることは近世後期と同様、富める農民に貧しい農民を救うことを促す以外にはなかった。そういう政策を継続しておこなっているとどういう事態が起こるのか？

この点で興味深いのが、新政府の直轄県（第二章参照）のひとつで、現在の埼玉県の東部を主として支配していた浦和県が明治三年に発行した「告諭誌」という一冊の木版本[44]である。その内容は、飢饉や凶作にあたって、村役人、富裕層、貧困層がそれぞれどのような態度で臨むべきか、その心得を説くものである。

まず村役人に対しては、村内の困窮者のために、工夫を凝らし、誠意をもって貧困者を助け救うことが求められる。そうした貧困者のなかには、そのような工夫と誠意とをありがたいとも思わず、むしろ些細なことから苦情や不平不満を村役人にぶつける者があるであろうが、こうした者に対しては決して怒ってはならない。救済に際しては、有産者に少しでも余っている財産や穀物があれば、それを出させなければならない。もっとも、困窮者というのは、普段から農業を怠って神罰を受けた者であるか、先祖の心掛けが悪く、その報いを受けている者であるかのどちらかであるのだから、本来は凶作・飢饉に際して困窮するのは当然のことである。しかし、眼前で餓死するのを放っておくわけにもいかないから、よくよく言い聞かせて心を入れ替えさせ、これをきっかけに経営を再建するように、小前《こまえ》に自助努力を促すことが必要であると言う。

つぎに村内の有産者である。彼らに対しては、単に困窮者が集団で圧力をかけてくるからとか、領主にいわれたから仕方なくというような心構えで救済をおこなってはならない、と述べられる。そのような場合、救済はその場しのぎで安易におこなわれることになり、窮民は救済してやればやるほど増長し、やがてはむしろ有産者を恨むようになる、という。したがって救済に際しては、一時的には支出となったとしても、のちにはそれを元手に困窮者が立ち直り、有産者にも利益が出るような方法を考えることが必要である。

そして困窮者に対しては、救済を受けるにいたった自分の普段の行為を反省せず、かえって救済の量が少ないことに不満を持ち、ついには「徒党」を組んで圧力をかけるような態度が強く戒められる。同じ人間として生まれながら、同じ身分の人に救われ、養われて生涯を終えることは恥ずかしいことではないか、それを恥ずかしいと思うのなら、心を入れ替え農業に励み、できるだけ早く救われた恩を返し、不作の年に人の助けを受けずにすむように準備を整えるべきである。以上が浦和県の説くところである。

整理すれば、村役人は有産者に金や食料を負担させると同時に、それを受け取る困窮者に自助努力の必要を教え、有産者は救済を積極的に理解して金穀を負担し、困窮者はこれを契機に貧困から脱出するべく努力を重ねるべきである、と浦和県は説諭しているのであるが、逆に考えれば、現状では、困窮者は救済を受けることを当然と考え、有産者は窮民の圧力と権力の強制とによってやむなく救済を負担し、村役人は両者から恨みを買う、という構造が存在しているということになる。こうしたシステムが有産者、とくに村役人に大きな負担を強いるものであり、永続的なものにはなりえないことは明らかであろう。

品川県の社倉金運用

やはり東京周辺の直轄県に品川県という県があったことは第二章でも触れた。この品川県がおこなった経済政策のひとつに、「社倉《しやそう》」政策と呼ばれる備荒貯蓄政策があった。[45]「社倉」というのは備荒貯蓄の中国風の呼び方である。品川県の社倉政策は、こうした問題への対応策であったと位置づけることができる。

品川県が考えたのは、備荒貯蓄を広域化することと、それを運用することの二つである。

品川県は、まず近世の備荒貯蓄を一旦すべて廃止した。それからあらためて、それぞれの農民の持高ごとに、持高五石以上の者は高一石につき米二升、五石以下の者は、それぞれ経済状況に応じて一軒あたり米四升、三升、一升五合の三等級に分けて、貯蓄するための米を徴収した。実際の徴収は米の現物ではなく、代金でおこなわれた。そして、集められた代金で県が一括して米を購入し、これまでのように村ごとに管理するのではなく、荏原《えばら》郡大井《おおい》村（現在の東京都品川区の一部）の倉庫で、県が一元的に管理した。

この制度においては、財産の多寡に応じて社倉金を負担することとされており、負担とその分配を通じて、富める者が貧しい者を援助するというシステムになっている。しかし、その単位は、村のなかの富める者が、村のなかの貧しい者を援助するというのではなく、県全体でそのような分配をおこなうという仕組みになっている。小さい村のなかで分配しあうよりは、県全体でおこなう方が負担は平均化するわけだから、富める者の不満は小さい。

しかし、このように県内一律の備荒貯蓄制度というのは、近世の備荒貯蓄制度の慣習と衝突する。もっとも強く反発したのが、品川県のなかでも武蔵野新田《むさしのしんでん》地帯と呼ばれる村々であった。武蔵野新田地帯とは、現在の東京都武蔵野市・小平市・小金井《こがねい》市・国分寺《こくぶんじ》市周辺の地域であるが、江戸時代の初めまでは荒地で、近世中期、一八世紀初頭に開拓がおこなわれ、新たに耕地が開かれて村々ができた地域である。開拓地なので生産力が低く、近世を通じて幕府から特別な補助を受けており、したがって、備荒貯蓄政策の適用除外地域であった。ところが、品川県はこの地域にも一律に社倉制度を導入したため、この地域の村々一二ヵ村が強く反発したのである。明治三(一八七〇)年一月、これらの村々の百姓が東京へ訴願のための行進をおこなって、大量の逮捕者を出した。これを品川県社倉騒動という。

もうひとつは、集めた社倉金を運用する、という方向である。これは、集めた社倉金をそのまま保管しておく、あるいは米の形態で貯蓄しておく、というのではなく、それを元手にして、農民が農業を営むうえで不可欠の資源である肥料を購入し、農民に供給しようとしたのである。具体的には、武蔵野新田地帯を含む関東農村で広く使われていた肥料である糠《ぬか》を、尾張《おわり》国(現在の愛知県)から移入した。当時、尾張の糠は上質な肥料とされていたのである。

その仕組みはつぎのようなものであった。社倉金を一部の商人に委託し、商人たちが尾張から肥料を購入してくる。購入した肥料は、品川県内の農民に貸し付け、秋の収穫期に利子をつけて返させる。その利子を、県庁と業務の委託を受けた商人で山分けする。このようにすれば、毎年備荒貯蓄として積み立てられた金額は少しずつ増加してゆくし、農民は安い上質な肥料を手に入れることができるので、生産も安定する。豊かな者が貧しい者を援助しなければならない度合いはそれだけ軽減されるというわけである。[46]

ところがこの社倉金運用事業は、一万円以上の赤字を出し、惨憺《さんたん》たる失敗に終わった。赤字の原因は、天候悪化によって尾張からの輸送が遅れ、東京に到着したときには糠の相場が下落しており、大きな損失を出したことにあった。[47]資金の運用によって人びとの暮らしを支えようとする方策は、市場の変動という大きなリスクを背負うことになってしまうのである。

このように失敗に終わった品川県の社倉政策であるが、その失敗は重要な論点を指し示している。ひとつは、人びとがお互いを助け合う範囲を広域化することのむずかしさである。品川県は県が管轄する地域をひとつの単位として社倉政策を実施したが、品川県が管轄する地域とは、江戸周辺の旧幕府領を直轄県に編成していく過程で生まれた偶然の産物である。そしてそれは第二章で見たようにモザイク状に存在し、また他の県とのあいだで管轄地が交換されるような不安定な領域である。そのような偶然で無意味な単位に、助け合いというような切実な機能を持たせることには無理があったのである。

もうひとつは、品川県が、人びとのくらしを支え、安定させるものとして、市場の機能に注目したことである。助け合いがうまくいかないのであれば、市場の機能を利用することで、人びとの暮らしを支えることができるのではないか。そして、権力の役割とは、そうした市場の機能をうまく働かせることにあるのではないか。しかし、品川県の失敗は、県という偶然で無意味な単位が、直接にプレイヤーとして市場に参加したことによって生じた。市場のプレイヤーにはつねに利得の機会とともに損失の可能性が存在する。県という単位はそうした損失を引き受けることはできないのである。

新しい産業

近世の村役人の後身である「大区小区制」期の区戸長が直面していた状況とはこのようなものであった。すなわち、村単位に閉じた再生産維持の仕組みが、村内の富裕者や区戸長にとって大きな負担となっていながら、再分配の単位の広域化や、市場に依拠した富の運用によっては問題が打開できないような状況である。いずれの場合も、ボトルネックとなっているのは、身分的な社会集団の「重層と複合」によってモザイク状に構成されているような社会の仕組みであった。

区戸長たちがこうした状況を打開しようとするならば、結局のところ彼らはこうしたモザイク状の世界そのものの変革に向かわざるをえない。明治の初期に、各地の区戸長たちが、さまざまな「改革」に積極的に取り組んだ理由はここにあった。

区戸長たちにとって改革の方向は最初から明瞭であったわけではない。事態を打開する可能性のある「あたらしいもの」はすべて彼らの期待を集めたのだといってもよかろう。

そのひとつは、地域に新しい産業を興すという選択肢である。新しい産業によって地域全体が豊かになれば、豊かな者が貧しい者を救う必要もなくなる。

こうした新しい産業として注目されたのは、幕末から輸出産業として活況を呈していた蚕糸業《さんし》（蚕の繭《まゆ》から絹糸を生産する産業）であった。

明治六（一八七三）年、熊谷県は、県内で新たな事業を起こそうとする者に資金を貸し付ける制度を開始した。[48] この制度によって資金の貸し付けを受け、製糸工場を起こした者の一人に勢多《せた》郡水沼《みずぬま》村（現在の群馬県桐生《きりゅう》市の一部）の星野《ほしの》長太郎《ちょうたろう》という人物がいた。

星野は水沼村の名主を代々つとめる家の当主であった。その星野が製糸業を志すにいたった経緯を、星野自身はつぎのように説明している。[49] 天明・天保の大飢饉のとき、長太郎の祖父長兵衛や、父弥平は、困窮者を救済し、そのために星野家の経営は悪化した。その話をつねづね聞かされていた長太郎は、その対策を確立しようとして、まず農業に力を入れたが、赤城《あかぎ》山麓に位置し、水田の乏しい水沼村では、普通の農業だけでは、どれだけ資本・労働力を投入してもそれに見合う収益をあげることができなかった。そこで、土地にあった産物として製糸業に着目した。

星野家の経営がさまざまな救済活動によって圧迫されていたことは、近世中後期の星野家の帳簿の分析をおこなった丑木幸男氏も確認している。[50] 星野家はその苦境を脱出する手段として製糸業を見出したということになる。

星野は明治五（一八七二）年、旧前橋藩士で、この地域の製糸業の先駆者であった速水《はやみ》堅曹《けんぞう》から製糸の技術伝習を受け、明治六年に器械製糸場の建設に着手した。そして、同年一一月、熊谷県に資金三〇〇〇円の貸し付けを出願したのである。[51] これを受けた熊谷県は、一一月二九日に内務省に星野の願を取り次いで、貸し出しの許可を求めた[52]。この書類のなかで、熊谷県は、星野の製糸事業は、ただ一個人の利益にとどまらない、と主張して、公的資金の投入を正当化している。つまり、この地域の住民は全体として保守的であるが、政府の補助によって製糸工場が設立されるならば、頑固な人びともこの事業に注目し、ゆくゆくは国家全体の富を増加させることにつながる、というのである。

ここからは、国家全体の富を増加させ、日本の産業化をめざすという政府の政策と、困窮者をつねに救いつづけるという義務を負うことから逃れたいという富裕層・村役人の志向が、共振していることが読み取れるだろう。そしてそのために政府・県庁が選んだ手段は、個別の経営に公的資金を投入する、という政策であった。市場に向けた商品生産が社会全体の富を増す、という先に見た品川県の政策と同一の論理である。

しかし、そうだとすればこの政策も品川県の政策が失敗したのと同様の問題をはらんでいる。それが経営的に失敗してしまったらどうするのか、ということである。そして実際に星野の経営は順調ではなかった。星野長太郎は明治八（一八七五）年四月、資本金欠乏を理由として五〇〇〇円の追加貸し渡しを歎願し、これは聞き入れられているが[53]、翌明治九（一八七六）年九月には工場閉鎖願を出すにいたっており（実際に閉鎖はせず）、明治一一（一八七八）年四月にも一万円の追加貸し付けを受けている[54]。県庁も、一度貸し付けてしまうと、経営が悪化してもなかなか見捨てられず、ずるずると追加貸し付けをせざるをえなかったのである。

教育

一方、経済的な面ではなく、人びとの精神的なあり方に働きかける方向も模索された。明治初期の教育政策を分析した湯川文彦氏は、この時期政府が熱心に教育政策に取り組んだ理由について、経済的発展のために、人民が知識を身につけることが必要と考えられたという側面と、人民が、自らの生活をとりまく原理を自覚することによって、「政府頼み」の統治から脱却するための主体性を身につけることが必要と考えられたという側面の両面があったと指摘している[55]。

この二つの側面は切り離すことのできるものではないだろう。たとえば、浦和県の「告諭誌」で描かれたような困窮者の像を思い出してみよう。統治者たちは、困窮者が主体性を欠き、県や富裕者の救助に頼り切ってしまうような状況を見出していた（念のため付け加えれば、これが実際に困窮者の主体的な努力によって解決できる問題なのかどうかは大いに疑問であるが）。教育に期待された役割とは、そうした人びとが、政治的にも経済的にも主体性を獲得し、政府・府県や富裕者に依存せず生計を立ててゆけるようになること、そしてそれによって社会全体が富裕と安定を獲得することだったと言えるだろう。ここでも、政府と富裕層・村役人の政策志向は一致することになる。

学校の設立・維持には費用がかかる。ひろく人びとから費用を募るためには、人びとが学校教育の必要性を理解している必要がある。しかし、そうした必要性を理解するような人びとを創り出すために学校教育が必要なのだ。ここには明らかな矛盾がある。

明治六（一八七三）年一一月一六日に、熊谷県の区長らは、県令に対して、学費の徴収の厳格化を求める意見書を提出した[56]。そのなかで彼らは次のように述べる。教育を盛んにすることは、国家にとって重大事業である。しかし、その費用を、それが何であるのかを理解していない人民から徴収することは困難である。蒙昧《もうまい》な人民を治めるのには束縛が必要で、頑迷な人民に自由を与えるわけにはゆかない。ぜひ、県庁から人民に対し、学校の費用を納めないのは税金を納めないのと同様であると命令してもらいたい、と。

意思決定の仕組み

こうして見てくると、「大区小区制」期に地域の運営を担っていた区長や戸長たちは、大きなフラストレーションを抱えていたことがわかる。この時期、彼らがさまざまな改革を積極的に受容していった理由はそこにある。しかし、彼らが改革を実現してゆくためには、制度的な制約があった。つまり、モザイク状の社会の仕組みそのものが、彼らの改革の行く手を阻んでいたのである。

「大区小区制」期には、各地で「民会」と呼ばれるものが設置された。「民会」とは、府県に設置される一種の代議機関で、選挙で選ばれる民会「公選民会」と、区長や戸長が集まって開かれる「区戸長民会」の二種類があった。その権限は決して大きいものではなく、県令の政策を拘束する力は持っていなかったが、区戸長民会における意思決定の一例として、明治六年一〇月、熊谷県の民会においておこなわれた、道路修繕に関する議事を取り上げてみよう[57]。

まず、一〇月二一日に、熊谷県庁から、県レベルの民会に提案が出される。この会議の構成員は、県内の各小区を代表して集められた副区長たちである。この県の提案の内容は、経済発展をめざしてゆくためには、交通網を整備して、各地方のあいだの経済的な取引を盛んにすることが大事であるので、道路の修繕を、県内の住民の協力で実施しようという趣旨のものであった。これはこの会議では可決された。

それを受けて、南第一大区（川越《かわごえ》を中心にした区域）の副区長たちが、具体的にどのように修繕をするか、その見込みをまとめて提出している。そのなかで副区長たちは道路修繕の遂行にひとつの疑問を呈している。すなわち、人びとは視野が狭く、目前の利益に惑わされ、道路修繕をおろそかにする恐れがある、というのである。それを避けるために、県から各村の戸長へ命令を出してほしい、と副区長は要求している。こうした副区長たちの願いを受けて、県は、その年の一二月に、各村戸長宛に命令を出した。そしてこの命令を受領したのち、各村の戸長は、かならず命令を守りますという誓約書を提出している（これを「請書《うけしょ》」という）。

ここからは「大区小区制」期の意思決定の問題が見えてくる。副区長たちが集まって何かを決めたとしても、それが最終決定となるわけではなく、一度村々に議題を戻して、そこから「請書」を取る必要があったのである。

これは結局、社会がモザイク状であることの結果である。県というレベルがひとつの単位としてまとまっているわけではなく、県レベルの民会は結局、ひとつひとつの「村」というモザイクの代表者の集合体でしかない。したがって、区戸長たちが何らかの改革を欲したとしても、それはひとつひとつのモザイクの意思に反するような場合、実現させることは難しかったのである。

こうした制度上の壁に阻まれた区戸長たちは、結局、さまざまな改革を実行に移す前に、制度そのもの、モザイク状の社会そのものを壊してゆかなければならない、という事態に直面するのである。

熊谷県の「県会条例案」

ここにいたって、熊谷県の副区長たちは、モザイク状の世界に対応した民会ではなく、新たな「県会」を創出し、それによって同心円状の世界を創り出そうと模索しはじめる。明治八（一八七五）年一〇月、南第一大区の副区長たちは、みずから「県会条例」[58]を起草して、県に提出したのである。これは町村→「小区主選人」→「大区主選人」→県会議員という複選制による公選県会の構想である。まず、各町村から人口二〇〇人までは一名、二〇〇人以上は二〇〇人につき一名の割合で「小区主選人」を選出する。この「小区主選人」が、それぞれの小区で三名の「大区主選人」を選挙し、各大区の「大区主選人」が各大区二名を県会議員に選ぶ。

この構想では、小区↓大区↓県という複選制がとられているが、しかし従来の区戸長民会とはまったく別の原理によって貫かれている。起点となる町村レベルでは一町村で一人の代表を選出するのではなく、人数に比例して小区主選人を選出する。かつ、大区主選人、県会議員はそれぞれ互選によって選ばれるのではない。小区主選人たちは、自分たちの小区以外の場所に居住する人物をそれぞれの小区の「大区主選人」に選ぶことができ、また大区主選人たちも、自分たちの大区以外の場所から県会議員を選出することができる。要するに各レベルの選挙は「県」一般の代表を選出するための選挙なのである。

この計画は県庁の採用するところとはならなかった。しかし、このころから、中央政府の内部でも、府県会を含むあたらしい制度の構想が立案されはじめるのである。

2　内務省と井上毅

松田道之という人物

政府内部での地方制度改革案の構想は、明治一一（一八七八）年、郡区町村編制法、地方税規則、府県会規則という三つの法令となって結実する。その内容については次章で詳しく見ることになるが、政府内部で、その立案に中心的役割を果したのは、内務省の幹部の一人であった松田《まつだ》道之《みちゆき》という人物であった。

松田道之は鳥取藩出身。府藩県三治制の時代には京都府に勤務、廃藩置県後は大津県令、滋賀県令をつとめ、明治八年、中央政府の内務省に内務大丞《ないむだいじょう》として登用される。

湯川文彦氏の研究によれば[59]、滋賀県令時代の松田は、すでに独自の制度改革構想を有しており、それを中央政府に提案もしていた。たとえば、明治六（一八七三）年に提出された改革案では、民費（「大区小区制」期において、府県、大区、小区、町村など各種の単位で負担していた財政の総称）の負担の範囲を明確化することが主張され、中央政府、府県、郡、村の区画ごとにそれぞれに自立した財源と権限・責任を有する体制の必要性が訴えられていたという。

また、そうした体制のもとで権限と責任を分担する区長や戸長に対しては、彼らが費用の徴収や支出をおこなう際の手続きを明確化するという改革が、すでに滋賀県では実施に移されていた。

こうした一連の改革案に見られる松田の構想は、これまで近世以来の秩序のままであった町や村、あるいは村連合としての大区・小区の領域について、その範囲に住む住民の共通の利害を体現し、処理する組織として再編成しようという方向を向いている。つまり、個別の職能的な利害を持つ集団と、その個別の集団の部分的な一致によって形作られるモザイク状の世界にかえて、線で区切られた「郡」といった単位に、その地域全体の利害を体現させようとする方向である。これが同心円状の世界へ一歩踏み出すものであることは明らかであろう。

明治九年内務省案

松田を迎えた内務省は、地方制度改革案を取りまとめ、明治九（一八七六）年三月一九日、太政官に改革案を提出した[60]。

改革案のひとつ目のポイントは、大区・小区にかえて、「郡」を行政区画として採用する点にあった。農村部の区画は、府県の下が「郡」、その下に「郷」が置かれ、都市部では、府県の下が「市」、その下が「街」となる。郡を区画として採用した理由は、郡というものが地形や人口の分布など、自然とできあがった区画であり、また古くから存在していて人びとに慣れ親しまれたものであるから、とされている。

一方、もうひとつのポイントは、町村を行政区画として用いない、という点である。町村は規模が小さすぎ、それぞれに役職を置くことが煩雑であるから、というのがその理由であった。

つまり、この内務省案は、大区小区を廃止して郡を単位として採用するかわりに、町村を行政区画から排除し、郡を同心円のひとつとするような空間編成を創り出そうとしたものである、と位置づけることができるだろう。モザイク状の世界の単位である町村を排除し、それより広い単位によって同心円状の世界を創り出す際に、多少なりとも古くから存在し、なじみのある単位である「郡」を生かすことによって摩擦を抑えたい、というのがこの案の眼目なのである。

改革案は、太政官内部で、法令の審査を担当する法制局に回付された。ところが、法制局はこの改革案に反対意見を表明した。新しい制度として導入した大区や小区に、せっかく人びとが慣れてきたところであるのに、それが不便だからといってまた新しい制度を導入するのはかえって人びとの不信・疑惑を招く、というのが法制局の言い分である。結局、太政官は法制局審査のとおり、この案を廃案とした。

井上毅の構想

さて、法制局においてこの案の審査を担当したのは井上毅《いのうえこわし》である。井上毅は熊本藩出身。明治政府の司法省を振り出しにキャリアを積み、フランスに留学経験を持つ。欧米の法制度に通じたいわゆる「法制官僚」の一人である。後に伊藤博文《いとうひろぶみ》のもとで大日本帝国憲法の起草にかかわったことでも知られる。

内務省の地方制度改革案に刺激された井上毅は、明治九（一八七六）年後半から明治一〇（一八七七）年前半にかけていくつかの意見書を執筆し、独自の地方制度構想を展開しはじめる。[61] 結論からいえば井上は地方制度の改革そのものに積極的ではなかった。そのことは法制局が明治九年の内務省案に反対していることからもわかる。しかし、その消極策の理由はなかなかに込み入っている。

たとえば、民費負担の問題について井上はつぎのように述べる。そもそも民費とは、住民の利益、住民の欲求に由来するもので、一地方の代議機関での話し合いを経て住民みずからがそれを負担するはずのものである。しかし、現状では、住民は、自分たち自身の利益が何であるかということも理解しておらず、単なる負担としかとらえていない。そうした現象が発生するのには政府の側の責任でもある。本来であれば国庫が負担すべきものを民費に押しつけているからである。たとえば犯罪者の処罰は国家権力の業務であるが、監獄が民費によって建設されているような事態である。そこで井上は、区画をいじったり府県会を創出したりする前に、国庫負担と民費負担の区別を明瞭にし、民費の量を減らすべきだと訴えるのである。

重要なのは、井上が、「本来あるべき民費」と「現実の民費」を区別して考えていることだ。井上によれば、本来の民費（地方財政）とは、住民一般の利害に立脚し、住民全体が負担すべきものであり、当然そこには住民一般の利害を体現するものとして府県会が必要とされる。しかし、現実の住民は、自分たちにとっての「公益」が何であるかを理解していないから、実際にそれを実現することは不可能である。よって、せめて官の側だけで、民費の費目から官費（国庫）支出相当のものを取り除き、かつ民費を削減することを井上は主張した。地方制度の改革をおこなうならば府県会を設置しなくてはならない、しかし府県会の設置は不可能である、ゆえに地方制度の改革はおこなえない。井上はこうした背理法的論理を展開したのである。

二つの路線とその交錯

結局、明治一〇年、明治一一（一八七八）年と、内務省は、法制局の井上毅とやり取りをしながら改革案を作り上げてゆくことになる。[62]

明治一〇年五月、内務省は「民費賦課規則」案[63]を作成する。この案には井上の意見書の影響が顕著に見られる。まず従来の民費は、その土地の住民一般の公共的な費用に属するものと、一部の人びとの私的な費用に属するもの、そして国庫支弁がふさわしいものが混在しているので、これをそれぞれ分離する。そして、公共的費用にふさわしいとみなされる費目だけが「民費」として認められ、「民費」の負荷の範囲は、府県と大区の二層に整理される。

この案は、一定の地理的空間を共有する住民にとっての共通の事務執行の費用としての民費という、井上毅による民費の性格規定をそのまま適用している。つまり、井上の提起した「あるべき民費像」をそのまま実現させようとしたのである。井上毅の背理法の前半だけが独り歩きをはじめてしまったのだ。

案は正式に提出される前に井上毅に提示された。これを受けて井上は自説を松田に提示する。[64]井上が主張していることは、地方制度の大規模な変更は避け、内務卿から地方官への諭達のかたちで、民費費目や賦課法のガイドラインを示すにとどめるべきだというものであった。依然として井上は制度改変自体に消極的なのである。

結局この案は、西南戦争中で政府首脳部の多数が京都に滞在中であったこともあって立ち消えとなるが、翌明治一一（一八七八）年三月、松田はふたたび制度改革案を立案し、これをもとにして法制局で案が練り直される。こうしてできあがるのが、同年七月に公布される「地方三新法」と呼ばれる法令の原案であった。

こうした経過からわかるように、三新法は、内務省を代表する松田と、法制局を代表する井上の二つの路線の折衷の産物であった。松田は基本的に、町村を民費賦課の単位から排除しながら、それよりも広い空間に、住民の合意によって支えられるあたらしい単位を創出しようとした。一方、井上は、こうした「あるべき地方制度」の像を共有しながらも、根本的な制度改変自体に消極的であった。

松田と井上の差は、町や村に対する認識の差にあった。松田にとって課題だったのは、これまで「大区小区制」や民費財政がカバーしていた領域、モザイク片である町や村が織りなす秩序の領域にメスを入れ、それをつくりかえることだった。井上が提示した「あるべき地方制度」の像は、まさしく松田の志向する改革に一致したものであった。

一方、井上にとって町や村は、依然として近世以来の秩序のままで有効に機能する力量をそなえた存在であった。

明治七（一八七四）年に井上は、ある意見書のなかで、村というものは小さいものであったとしても固有の権利を有しているものであるから、合併・分離をしてはならないものだ、と主張している[65]。また、フランス法に通じた井上は、フランスの農村社会をひとつのモデルと考えていた。同じ意見書のなかで、井上毅はフランスの農村をつぎのように描写する。各村の村長は、その村で選挙され、たいていは老成した誠実な人物、政府に忠実というよりむしろ村民に忠実である。村長の役場は村の学校を兼ね、役場の書記は学校の教員を兼ねている。村の子供たちは、男も女もその学校に通い、読み書き・計算を習う。村長に対する恩愛の念はあまねく行き渡り、村民たちは、父母に接するのと同じように村長に親しみを持っている……。

井上のこのフランス農村像はおそらく美化されたものだ。そして、井上はモデルとしてのフランス農村を美化することを通じて、それに比肩しうるものとしての日本の農村社会を美化している。父母のように慕われる村役人の下での安定した村落秩序。井上の農村へ向けるまなざしはノスタルジックですらある。

井上毅の政治思想を研究した坂井雄吉氏が指摘するとおり、「地方制度の上部構造には『行政』を、下部構造には『自治』を」という基本的な構想を、「ある種の時代錯誤をも顧みず、それなりに強固な一貫性の下に守り続け」た。[66] 村を「旧慣」の領域として保存することが、井上の理想であった。

松田と井上の意見のやりとりの結果できあがったあたらしい制度は、結果として、特に町村の位置づけについて、松田の構想に井上の政策志向を取り込んだような不安定なものとなった。章を改めて、この新しい制度、「地方三新法」の構造を見ることにしよう。

第四章
地方と中央

1　地方三新法

三新法の制定

明治一一（一八七八）年七月二二日、政府は、「郡区町村編制法」（太政官布告第一七号）、「府県会規則」（同第一八号）、「地方税規則」（同第一九号）の三つの法令を公布した。これを通称して、「地方三新法」または単に「三新法」という。三新法によって形作られた地方制度の体系が「三新法体制」である。

第二章で述べたとおり、「大区小区制」については、中央法令によってその細部が規定されていたわけではない。各地の地方官の裁量で府県ごとにまちまちの制度が作り上げられていったのである。これに対して、三新法は、府県レベルから町村レベルまでを包括し、全国の地方制度を規定した統一的法令である。

三新法の体系性は、三つの法令が、それぞれ、区画、議会、財政の三つの側面を規定していることに表れている。

まず、区画については、各地で用いられてきた各種の「区」制度を廃し、府県の下の地方区画を、郡区―町村の二段階に整理した（図4―1）。郡は農村部、区は都市部の単位であり、それぞれに官

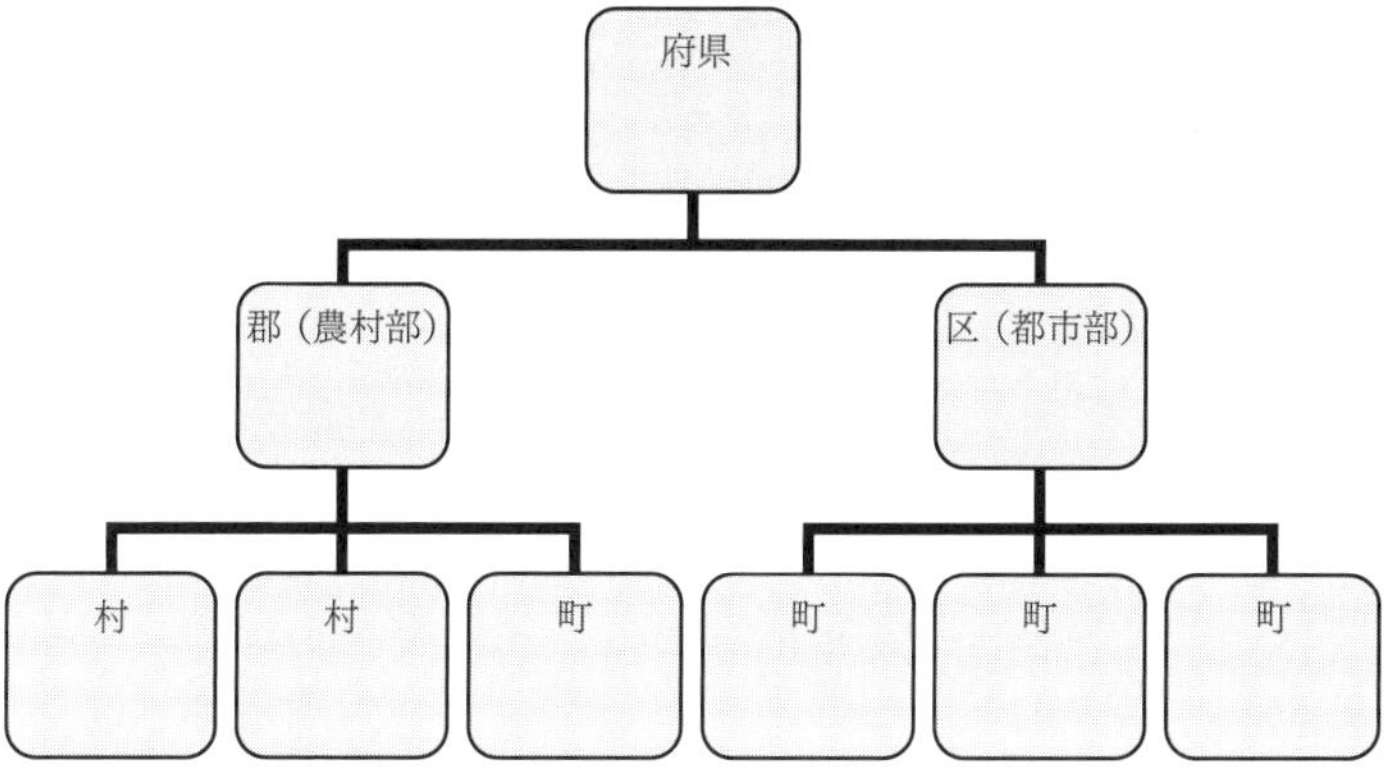

図４－１　三新法の構造

選の郡長・区長が設置され、町村の長としては戸長が置かれることになった。「大区小区制」期の「戸長」ポストは、府県によって小区の長を指す場合と、町村の長を指す場合があったが、三新法はこれを町村の長として統一・固定したのである。ただし、区部の町村については区長が戸長を兼ねることが認められ、また都市でも農村でも、複数町村が連合して一人の戸長を置くことも認められた。

　財政については、府県レベルの財政として「地方税」という財政の単位を創出し、府県レベルで一括徴収、一括支出されることになった。徴収される税は、国税である地租の額に比例して徴収される「地租割」、一戸あたりの平均額によって徴収される「戸数割」（ただし、実際の徴収においては所有財産などが勘案されて、「等級」による徴収額の差が設けられる）、商工業者に課税される「営業税・雑種税」の三種があった。徴収した税の使途は、警察費、河港道路堤防橋梁建築修繕費など一二に限定された。一方、区町村の財政は、区町村内の人民の「協議」に任されるものとされ、地方税財政の外に置かれた（これを「協議費」という）。

そして、こうした区画・財政制度を支える代議機関として、選挙によって選ばれる府県会が設置された。選挙権は地租五円以上を納める二〇歳以上の男子に与えられ、地方税の予算を審議する権限を持った。

府県レベル

三新法は、府県レベル、郡（都市部では「区」）レベル、町村レベルという三つの階層からなる地方制度体系であるが、このなかで、三新法の画期性がもっともよく表れているのは、府県レベルである。

まず、府県には新たな財政の単位として「地方税」が創出され、徴収される税目とその使途が法によって規定された。そして地方税財政は、府県レベルで一括して徴収され、一括して支出される。それは、地方税の支出項目に掲げられた費目であるかぎり、同じ府県内の事業は、直接の利害関係を持たない地域の住民も、地方税の徴収を通じてその事業の費用を負担しなければならない、ということを意味する。

三新法は、太政官で立案されたのち、全国の地方官を招集して開かれた「地方官会議」の討議にかけられ、その後立法諮問機関である「元老院《げんろういん》」（政府から任命される「議官」たちが内閣の諮問に応じて法令の審議にあたる。ただしその結論を内閣は無視することができる）で審議されたが、この二つの会議で内閣を代表して説明にあたったのは、内務省の松田道之であった。その松田は、元老院での審議の際、たとえばある郡の堤防や橋梁の建設は、別の郡の利害には関係ないのではないか、という批判を想定しながら、つぎのように説明している。これはまったく地方税の性質を理解していない者の言うことである。この堤防、あの堤防と区別すべきものではないのだ。その堤防、その橋梁はひとつの「地方」が利害を共有しているものである。国の費用として支出されるものの原資には、九州から徴収された税も東北から徴収されたものもあるのと同様である。[67] つまり、松田は、租税というものは受益と負担の関係を一対一に対応させられないところにその本質があるのだと言うのである。

これは、近世の組合村から「大区小区制」へとつづいてきた財政構造の大きな変化である。第一章で見たとおり、近世の組合村は、用水なら用水、堤防工事なら堤防工事、対領主関係なら対領主関係、というように目的別に編成され、直接その利害にかかわる村々だけがその目的別の組合に参加する、という構造を持っていた。これに対して地方税によって結びつけられたひとつの府県の住民は、直接に利害を共有していない事業に対しても、負担の義務を負うのである。

こうした地方税を支える代議組織として府県会が設置され、府県会の議員は選挙によって選ばれる。財政構造における変化と代議制における変化は対応している。府県内の事業は、府県内の特定の住民の利害にかかわるのではなく、「府県一般の利害」にかかわる。それを議論し、議決するのは、特定の住民の利害の代表ではなく、「府県一般の代表」としての府県会議員なのである。これも近世の組合村における意思決定のあり方と比較してみるとその画期性が理解しやすい。組合村の意思決定は、名主や庄屋といった村役人が、「村の代表」として集会を開くことによっておこなわれた。当然、集会に参加する名主や庄屋は、自らが代表している村の利害に拘束される。第三章で見たとおり、これは「大区小区制」期の民会でも変わらなかった。これに対して、府県会議員は「村の代表」ではない。選挙区は郡単位であるが「郡の代表」でもない。今日の国会議員が、タテマエとしては「選挙区の代表」ではなく「国民の代表」であるのと同様、府県の住民一般という抽象的な存在を代表するのが、府県会議員なのである。

ただし、「府県の住民一般」を代表する府県会議員たちが、府県の財政を審議したとはいっても、府県会の権限には政府によってさまざまな制限が加えられていた。そもそも、府県会が審議できたのは予算案のみであり、今日の条例のような、府県ごとの規則を審議し、議決する権限は持っていなかった。政府が府県会に大きな権限を持たせなかったのは、政府に反対する自由民権運動の活動の場となることを恐れたからである。そしてその恐れは現実のものとなり、各地の府県会で、予算案をめぐる地方官と府県会の対立があいついだ[68]。政府はこれに対して毎年のように府県会規則を改正し、最初からかぎられていた府県会の権限にさらに制限を加え、そのうえ、全国の府県会議員どうしが連絡を取り合って政治運動をおこなうことを禁止した[69]。明治一五（一八八二）年には、政府首脳の一人、右大臣岩倉具視《いわくらともみ》が、府県会制度を導入したのは時期尚早であって、府県会は中止されるべきである、という意見を述べる[70]ところまで、事態は緊迫していた。

しかし、数多くの紛議が起きたにもかかわらず、政府はついに府県会を廃止することはしなかった。このことは、すでに当時の社会が、住民の同意を得ないで地方官が統治をなしうる段階にはなかったことを示している。住民の同意が統治にとって不可欠であるというのは、当時の社会が、まさに地方税規則によって地方税の費目として掲げられたような、土木、衛生、教育といった多様な公共的サービスを必要とする社会であり、そうした公共的サービスを支えるための費用の負担を住民に同意させる必要があったということである。そして、そうした公共サービスのための費用を徴収するためには、前章で見たとおり、近世や「大区小区制」期のような、個別の村から同意を取り付けるというやり方では不可能であり、府県全体の住民一般を直接に代表する府県会が必要だったのだ。

郡と町村

こうした、府県レベルでのドラスティックな制度変革にくらべると、三新法における郡レベル、町村レベルの位置づけはあいまいなものになっている。

まず郡について言えば、行政機関として郡役所が置かれ、郡長と、郡役所の吏員として郡書記以下の職員が置かれた。しかし、郡長も郡書記も府県の役人であり、郡役所は府県庁の下部機構に過ぎない。郡に独自の財源は持っておらず、それは基本的には府県の地方税によって運営される。郡会のような独自の代議機関も持っていなかった。[71]

さらに問題だったのは町村レベルである。すでに述べたとおり、町村における財政は「協議費」として法の規定の範囲外に置かれた。地方税が「税」であるのに対し、「協議費」は「税」ではない。その違いは、たとえば裁判上の先取特権の有無に端的に現れる。地方税の未納者が破産した場合、地方税は他の債権者に優先して確保される。しかし、協議費の未納は他の私的債務と同様に扱われる。[72]つまり、協議費の徴収は私的な金銭のやり取りと、法的には同等の位置づけなのである。

このように、三新法の原則は、町村を法の外、公的な費用負担とそれを支える公的な審議の体系の外に置くものであった。しかし、とりわけ町村の長たる戸長の地位については、地方官会議に提出された原案の段階からあいまいさがつきまとっていた。郡区町村編制法の地方官会議原案は、毎町村に「総代」として戸長一人を置く、と規定していた。つまり、町村レベルの吏員は「戸長」であり、かつそれを町村の「総代」であると規定していたのである。前章で見たように、「大区小区制」期において、戸長の設置レベルが町村であるか、小区であるかは、町村が行政の単位たりうるかどうかの重要な指標であったことを考えれば、三新法が町村を行政の基礎単位として位置づけたという側面は否定できないのである。地方官会議において松田道之は、このことの意味を、町村は行政区画ではない、しかし行政の仕事は町村を起点とする、たとえば戸籍のようなものは町村で帳簿を作るところからはじまるが、郡役所の戸籍簿からが行政の帳簿である、として説明している。[73]行政の起点は町村でありながら、町村は行政区画ではないという松田の説明は混乱していると言わざるをえない。

こうした町村の位置のあいまいさが、松田と井上の妥協の結果であることは、第三章で見たところから明らかだろう。井上は町村を、「旧慣」と「自治」の領域に置こうとした。一方、松田はこれを法によって統制しようとした。その両者の構想のすり合わせの結果がこうした戸長と町村の位置づけであったと言えるだろう。

戸長総代規定は、地方官会議こそ無修正で通過したものの、元老院で「総代」の文字が削除される。そして三新法施行順序（明治一一年七月二二日太政官無号達）では、戸長は「行政事務」に従事する性格と、「町村の理事者」としての性格と「二様」の性格を持つ、という規定が与えられることになった。

三新法の画期性

三新法が生み出したものは、「地方」という社会的な結合のあり方である。中央の財政と区別され、かつ私的な財政からも区別された「地方税」という単位が創出され[74]、それを審議するための府県の代表者たちの議会＝「府県会」が設けられた。社会が必要とするサービスのうち、公的な負担によって支えるべきものとそうでないものがまず分離され、前者が中央と地方に分節化される。ここに、「中央―地方」関係という二つの公権力の関係が生まれ、両者の外にあるものが私的費用の領域ということになる（そして、町村についてはあいまいな位置づけを残しつつ、その財政は原則的に「私的費用」の領域〈「協議費」〉に含められた）。

こうして生まれた「地方」という結合体は共有される利害が抽象的・一般的であるという特質を持つ。この点が、「地縁的・職業的身分共同体」である近世の町村との違いである。職能という個別的で具体的な利害と結びつき、人びとの生活と生産にとって切実な意味を持つ町村という集団にかわって、「地方」の領域に組み込まれるのは、個別の人びとや家の職能的利害から分離され「公益」とみなされたものだけである。

個別的なものは具体的である。ある村の人びとにとって、用水路や山林、その村の耕地といったものは、目に見える存在であり、それが安定的に機能するかどうかは、切実で具体的な問題である。一方、共通のものとは抽象的なものである。個別経営の職能的利害から分離された「公益」とは、「誰か特定の人」に利益をもたらすのではない、「社会の構成員全員」に共通して利益をもたらすもののことである。しかし、「社会の構成員全員」とはどこにいる人びとのことなのであろうか。「誰か特定の人の利益ではない」ということは、結局、「誰の利益でもない」ということと表裏一体である。こうして、「地方」という場、三新法においては、「府県」という領域は、近世の町村が持っていたような利害の共有の切実さを失うのである。

「地方」の領域の問題を話し合う場としての公選府県会もまた抽象的な利害の代表者から構成される。府県会議員は何か特定の人びとの団体の代理人として議場に集うのではない。「府県全体」という抽象的で一般的な存在の代表者として議員は選ばれるのである。

こうしたことについて示唆的なのは、主としてフランスの文脈に即した憲法学において、「国民主権」（ナシオン nation 主権）と「人民主権」（プープル peuple 主権）を区別して考えることが長くおこなわれてきている点である。憲法学者杉原泰雄氏の説明によれば[75]、フランス革命の過程で作成された一七九一年憲法に典型的に見られる「国民主権」とは以下のような構造を持つという。主権の主体である「国民」とは、「一定の時点における市民の総体」、つまり具体的な人間の集団（人民）を意味するのではなく、「一つの抽象的存在」で、それ自体では自己の意思を決定・執行しえない観念的な存在である。したがってそこでは主権の行使のために、生身の人間によって構成される「国民代表」が必要となる。そして「国民」とは生身の人間の集合体ではないのだから、その「代表」が生身の人間の選挙によって選出されることは必ずしも必要とされない（たとえば一七九一年憲法は国王もまた国民代表として位置づける）し、ましてや普通選挙制を必然化するものでもない。

こうした「国民主権」のもとにおいては、「命令的委任」は禁止される。「命令的委任」とは、選出母体が、選出される議員に対して、議会における特定の行動（個別の法案への賛否など）を選出にあたりあらかじめ定めておくこと（議員がそれに違反した場合には、選出母体はこの議員を呼び戻したり解任したりすることができる）であるが、こうした行為は、主権者である抽象的「国民」の意思が、一部の生身の人間の意思によって損なわれることになるので、「国民主権」原理のもとにおいては否定されるのである。こうした「命令的委任」は、じつはフランス革命以前の、全国三部会のような身分制議会では当然の選挙原理であったことは注目に値するであろう。身分制議会では代表者はそれぞれ選出母体である身分集団（たとえば○○州の貴族団）を代表するから、代表者はその選出集団の個別的な利害を負って議場に臨むのである。「大区小区制」期の民会が、最終決定の際に、各村から「請書」の提出を求めたのと同じである。

もちろん、三新法下の府県会は「主権」を行使する機関ではない。そもそも府県会は中央政府の支配下にある地方機関であり、また府県の意思決定権限の多くの部分は官僚機構である府県庁が握っていた。しかし、府県会が代表機関であるとすれば、それが代表しているのは何なのか、ということを考えるうえで、上述の「国民主権」論は示唆に富む。近世の村役人や、「大区小区制」期の区戸長たちは、それぞれ自分の村や区の個別的な利害を代表して会議に参加した。いわば、彼らの代表としての行動は「命令的委任」によって拘束されていたのである。これに対して府県会議員は、「国民主権」原理下の国民代表と同様、抽象的で観念的な「府県住民」一般を包括的に代表するものとして、議場に参集する。

このように、「地方」としてくくられた府県という団体には、具体的で切実な利害の共有はないのである。したがって、府県の境界線には具体的で切実な意味はない。現に、府県とは廃藩置県後に、多様な支配領域を便宜的に一定の規模でまとめた統治の単位に過ぎなかったはずのものであって、明治の初期には何度も分合をくりかえしていた、まったく新しい地理的空間だった。そこに議会を置いて利害を共有する結合とするということは、その単位に切実で具体的な利害の共有がないことを前提にしなければ考えられない。

「地方」＝府県はこうして、日本という国土を、領域的に、かつ隙間なく埋める同一の部品として機能する単位となる。無意味だからこそ明確に引ける線によって、国土は「地方」に分割されてゆく。つまり、三新法は、「同心円状の世界」を本格的に創出したのである。

一方で、「町村」はこうした「地方」の領域の外に置かれた。つぎなる問題は、そのことによる矛盾の発生である。

2　町村運営の行き詰まりと明治一七年の改革

三新法における町村と戸長

先に見たとおり、三新法における町村、そして町村の長である戸長の位置づけはあいまいなものであった。町村とそれを支える財政（協議費）は、公的な規制の外にあるものとして位置づけられた。しかしその長である戸長は、公的な「行政」を遂行する役割と、公的領域の外にある町村の「理事者」であるという二つの性格を与えられた。つまり、町村は公私の未分離な、「地縁的・職業的身分共同体」の色彩を残していた。町村はいまだ同心円状の「地方」の一部を形成していなかったのである。

だから、「町村」の境界線には府県と違って切実な意味があった。それが私的な結合と位置づけられる以上、その境界線には当然のように切実な意味が生じてしまう。三新法の審議過程において、松田道之がおこなったつぎのような説明は、そうした切実性をよく示すものだろう。松田は言う。一町一村の住民というものは、利害が密接に関係しあっているという点において、ひとつの家のようなものであるばかりではない。財産を所有し、一人の個人と同様の権利を持つのと同様である。そこで府県は行政の区画として位置づけ、町村は「自然の部落」として扱い、戸長は「民」に属して「官」に属さない総代人とし、町村の事務はすべて戸長が担当し、細かい規制を加えないようにしたい、と。[76]町村が「家」と同様のもの、と言われていることに注目しよう。「家」のメンバーが誰であるか、ということが「家」にとっては切実な意味を持つのと同様、こうした位置づけを与えられた村にとって、人的・空間的な村の境界は切実な意味を持たざるをえないのである。

ところが事態はそのように単純ではない。第二章の最後で見たように、三新法が施行されるころには、地租改正がほぼ終了しており、年貢の村請制というシステムは消滅していた。租税の負担単位という性格を失った町村は、潜在的にはその切実な意味を失っているのであり、都合に応じて合併し、均質で無意味な同心円のひとつになることが可能になっていたのである。そして、三新法のひとつである郡区町村編制法には、そうした町村の性格変化を促進する「抜け道」が用意されていた。同法第六条の、戸長を複数町村で一員置くことにしてもよい、という規定である。つまり、町村が連合を作り、一人の戸長がその連合を管轄・代表する、という仕組みが認められていたのである。

この規定によって、多くの地域で、町村の連合が形成された。明治一三（一八八〇）年の時点で、全国の町村数六万九九九四に対して戸長の数は三万二九八四人と、戸長の数は町村の数の半分以下となっている。[77]

もっともこのような連合化には地域的なかたよりがあった。三新法施行当初、中央政府は積極的に町村の連合化を推進したわけではない。明治一一（一八七八）年九月二日、山梨県が、町村の連合化による戸長の設置は、県庁が決定するのか、住民からの希望にもとづいておこなうのか、と質問しているのに対し、明治一二（一八七九）年一月九日、法制局は住民の希望に委ねるべきである、と回答していることからもわかるとおり、あくまで町村の連合は住民の自発的意思にもとづくものとされていた。[78]しかし、府県独自の判断で連合化に踏み切る府県も少なくはなく、それが結果的に先に見たような数字となってあらわれたのである。

埼玉県の場合

では、町村の連合化がおこなわれない場合、どのような事態が発生するのか。埼玉県の場合を取り上げてみよう。

埼玉県では、三新法の施行に際して、戸数一〇〇戸以下の町村はなるべく近隣の町村と連合して戸長役場を設置するように布達している。[79]しかし実際には、埼玉県における三新法施行後の戸長役場設置状況には大きなばらつきがあり、一戸長役場の管轄戸数は、最大が二四二九戸（当時埼玉県内最大の都市であった川越町《かわごえ》）から、最小ではわずか六戸である。[80]全体として見ると、町村数一九一三に対して戸長は一四二八人であり、一戸長役場当りの平均町村数は約一・三となる。[81]そもそも、三新法施行時には、県自身が強制的な連合化をおこなう意図は持っていなかった。県は連合化をおこなう場合はよく協議して、あわてて連合化し後にふたたび分離するというようなことがないように注意を促している[82]。県は、住民の合意により、安定的な連合が成立する条件が整った場合にかぎり、町村を連合化したのである。

埼玉県では、三新法の施行によって、合併がすすむどころか、逆に村を分割するという動きさえ現れる。これは第二章で長野県の事例でも見たところであるが、郡区町村編制法の規定によれば、ひとつの村に複数の戸長を設置することはできない、という事情に由来する。これまでひとつの村に複数の戸長がいて事務を執っていた村が、戸長の数を減らさなくてはならなくなり、それを避けるために村を分割するのである。こうした状況が生まれるということは、住民にとって、村という単位を維持することが、戸長という役職が一村を単位として置かれるということとほぼ同様の意味を持っていたことを示している。裏返していえば、一人の戸長を共有して連合化できる村々というのは、お互いが一村といってもよいような密接な関係にあると、住民が相互に判断した場合にかぎられるのである。三新法の施行が分村を引き起こした村のひとつ、北埼玉郡樋遣川《ひやりかわ》村（現在の埼玉県加須《かぞ》市の一部）の分村願は、「一村」というものは、土地の地味の良し悪し、土地の高低、人の気風が同じで、利害が平等で均一な状態の範囲で成り立つものだ、と主張している[83]。こうした状況では、連合の成立の範囲は限定的なものであった。

連合化と再分離

一方、府県庁の側が命令を出して、連合する町村の組み合わせをあらかじめ設定した府県も存在する。千葉県[84]や京都府[85]、兵庫県[86]などがそれである。「大区小区制」下の小区を三新法体制下の戸長役場へ移行させようとした例も存在する（山口県[87]、鹿児島県[88]。ただし最終的にはいずれも小区をそのまま移行させることはおこなわれなかった）。

戸長と郡役所のあいだにもう一段階の機関を置いている事例もある。たとえば静岡県の「総代戸長」制がそれである。静岡県では町村の組合を設置し、その組合を単位として、組合内戸長の選挙によって「総代戸長」を選出させ、県庁・郡役所との連絡に当たらせた。この「組合」は「大区小区制」期の小区を単位に設置されることも多かったようである[89]。秋田県でも、戸長役場のなかに「首部役場」という名称の役場を特に設け、周辺戸長役場からの税金の取りまとめや周辺戸長役場への文書の配布を取り扱わせている[90]。

ところがこうした戸長管轄範囲の拡大、町村の連合化という方向はすんなりと進んだわけではない。府県の側から一度連合を設定しても、その後町村の側から連合の分離が出願され、連合町村体制が崩壊していくという例も少なくないのである。たとえば群馬県では、明治一二（一八七九）年から明治一七（一八八四）年のあいだに三二五件の連合村分離要求が提出され、このうち三〇三件が県によって認められている[91]。兵庫県では、明治一四（一八八一）年四月に、県会が戸長役場を連合して設置するか地域の住民の希望によるべきであると建議をおこない、県庁がこれに譲歩して、同年六月九日、一〇〇戸以上の町村が単独で戸長役場を置くことを許可した（それまでは三〇〇戸が基準）[92]。一町村に一戸長を求める住民の欲求は強かった。

問題の発生と対応策

それでは、なぜ住民は一町村に一戸長の体制を望み、一方府県庁のなかには連合町村制を推進しようとする動きがあるのだろうか。

明治一五（一八八二）年から明治一六（一八八三）年にかけて、政府の立法諮問機関・審査機関であった元老院・参事院の議官たちが全国に派遣され、その視察結果を政府に報告している。「地方巡察使復命書」と呼ばれるこの報告書には、三新法期の戸長と町村運営の問題が数多く指摘されている。

たとえば、埼玉県を視察した巡察使、渡辺清《わたなべきよし》の復命書を見てみよう[93]。渡辺はつぎのように述べている。住民たちは、有能な人物を戸長に選挙してしまうと、その戸長に自分たちの怠慢を責められてしまうことになるので、むしろ自分たちの言うことを聞く人物を選挙して、税金の納入の立て替えをさせたり、法令の遵守をしなくてもよいようになっている。これが現在の戸長役場で広く見られる弊害である。ここでは、住民に対して法令の施行を徹底できなかったり、住民から納税の立て替えを強いられたりするという戸長の立場の弱さが指摘されている。

もう一人、安場保和《やすばやすかず》の意見を見てみよう[94]。安場によれば、各地で戸長たちはその職務につくことを嫌がっており、当選しても辞退する者が多い。辞退しない者でも住民に対する「徳義」からやむなく職についている者か、戸長に就任するのに不適当な人物かである者が大半である。こうした状況が生じる原因は、戸長が一方で府県や郡役所の指揮を受ける行政担当者であると同時に、町村の「総代」でもあるために、町村の住民に対してじゅうぶんな権限を持つことができないため、官庁と住民の板挟みになって困難な立場に置かれるという点にある。そして安場は注目すべき対応策を提示する。第一に戸長役場管轄区域を拡大して戸長の数を減らし、戸長の待遇を改善する、第二に戸長を官選にすることによって、有能な人物を戸長に採用する、というのである。

巡察使たちが、戸長が租税を立て替えている、という指摘をしている点に注意しておこう。これは村請制村における村役人の年貢立て替え機能と同様の役割を、戸長が果たしていることを示している。住民たちが連合戸長制ではなく一町村一戸長制への志向を強く持つのは、自分の村に戸長がいれば、このような村請制的な機能によって自分たちの生活を戸長が守ってくれる、という感覚から来ているのである。

しかし、実際には、村請制はこの時期すでに解体されている。地租改正によって、租税は個人を単位に納入するという仕組みができあがっているのである。自分の村の戸長が租税を立て替えてくれるというのは、単に身近なところに戸長がいると、それに頼り、戸長も身近な村人の頼みなので断りにくい、という関係以上のものではない。そして村請制はすでに解体されているわけであるから、戸長が租税の減免を政府ないし県庁に歎願するという道ももはや閉ざされている。税金が払えない村人がいたならば、現在と同様に、不納者の財産を差し押さえ、競売にかけて、処理すればいいだけの話である。戸長は、公式に認められていない租税納入の立て替えを住民たちから強いられる。これでは戸長はたまったものではない。戸長の引き受け手は当然いなくなる。

府県庁はこうした事態を解決するために、町村連合による戸長役場の設置を推進し、住民と戸長の切り離しをはかろうとするわけであるが、それが住民の一町村一戸長を求める動向とせめぎあう。それが三新法体制下の町村と戸長の状態だったのである。

事態を悪化させたのは、明治一四（一八八一）年からはじまる財政政策の転換である。これまで政府の財政を主導してきた大隈重信《おおくましげのぶ》が、明治一四年の政変で下野《げや》し、代わって財政を主導することになった松方正義《まつかたまさよし》は、財政整理のために緊縮財政を実施、景気は冷え込み、いわゆる「松方デフレ」と呼ばれる不況が農村を襲った。住民の生活は困難に陥り、生活を守るためにますます戸長に依存しようとする。こうして矛盾は深まり、戸長役場の運営は行き詰まる。

明治一七年の改革

各府県での試行錯誤と地方巡察使からの報告を受けて、中央政府は、明治一七（一八八四）年、戸長役場制度の全面改正に踏み切った。

第一に、戸長をこれまでの原則選挙で選ばれるという方法から、官選、つまり県庁が任命するという方式に変えた。ただし、選挙の得票上位のなかから県が任命するという方法にしてもよい、とされていた。

第二に戸長の置かれる範囲を、戸数五〇〇戸に一戸長役場を基準とする連合戸長役場制にした。先に見たように、郡区町村編制法においては、戸長は一町村に一人が原則で、複数の町村で一人置くことにしてもよい、とされていたのであるが、後者の方を原則にして、五〇〇戸未満の村の場合は連合して戸長を置くことにしたわけである。

第三に、町村費の費目を指定した。三新法体制のもとでの町村の財政、すなわち協議費で何を支出するか、という点に関しては、それが私的費用と同様に扱われたことの当然の結果として、まったく何の規制も加えられていなかった。この改革では、祭礼費用のような、住民の私的な利害にかかわる費目は排除されて、公共事業にふさわしい費目だけを支出してもよいということになった。つまり、地方税規則が府県財政についておこなったのと同様の費目の仕分けが、町村財政についてもおこなわれたということである。そして、町村費に関して、国税・地方税と同様に、不納者に対して、差し押さえ、競売をおこなうことができるようになった。

こうして、戸長の数は大きく減らされ、一戸長が複数町村を管轄することが原則化されたのである。戸長は町村から切り離され、住民の個別利害から切り離された存在となった。

あらたに連合戸長に就任した人びとは、当然ながら、従来の戸長のなかから選ばれることが多かった。一方で、埼玉県では、改革の実施に際して、一〇人以上の県会議員が、議員を辞職して戸長に就任している。[95] 基本的には従来の戸長層を中心としつつも、それよりも一ランク上の有力者も含めた層が戸長職を担ったと考えてよいであろう。つまり、戸長職が村人の個別の利害から切り離されて、そういう負担から解放された分だけ、戸長職につくのを嫌がる人が減ったということである。こうして、この制度改革は一定程度の成功を収めた。

新しい連合戸長役場管轄区域は、戸数五〇〇戸という数値を基準に定められた区画である。当然、そこには近世の村が持っていたような切実な意味は存在しない。そしてその財政も、私的な費用とされたものが排除され、「誰か特定の人」のためのものではなく、抽象的な公共事業一般のためのものへと変化する。

こうして戸長役場管轄区域は、府県と郡区の下に置かれた同心円のひとつとなる。同心円的な秩序は、この改革によってほぼ完成されるのである。

本章を閉じるにあたって、明治一七年の改革の原案が立法諮問機関である元老院で審議された際の議論を紹介しておきたい。元老院の議官たちのなかには、この改革が、これまで培われてきた日本の町村の美しい習慣を破壊するものであると考える者も少なくなかった。その一人、楠本正隆《くすもとまさたか》はつぎのように言う。これまでひとつの町村の富裕な者がお金を出したり、「徳義」をわきまえた者が自ら進んで同じ町村のためにお金を出したりして、協議費の不足を補ってきた、そのような「美風」、美しい習慣は、この改革によってまったく破壊されてしまうであろう、と。これに対して、改革案を提出した内閣側の委員として説明のために会議に出席していた内務官僚・白根《しらね》専一《せんいち》は、楠本のセンチメンタリズムを冷笑するかのようにつぎのように答える。「従前と雖《いえど》も富者自ら進みて貧者の為めに協議費を負担せるに非ず、況《ま》して今日の時勢人情に於てをや」。これまでとても別に富裕な者は貧しい者のために進んで負担をしてきたわけではない。いわんや今日の時勢や人情において、そんなはずはあるまい。[96]

近世の村は、人びとがお互いを思いやり助け合うユートピアだったわけではない。それは、身分制・村請制という社会の編成のあり方によって生まれた、人間の組織のひとつであるに過ぎない。そのなかで人びとは時としてやむなく助け合いをしたり、豊かな者が貧しい者を救ったりすることがあった。しかし、すでに同心円状の、切実性を持たない空虚な地理的空間が世界を覆いつくそうとしているときに、そうした「美風」を、人間にとって本来的なものであるかのように理想化するのは、むしろ問題をこじれさせてしまうだけではないか。白根の冷徹な言葉はそのことを白日の下にさらしている。

わたしたちは章を改めて、そうした空虚な空間が世界を覆うための条件について論じなければならない。結論を先どりして言えば、その条件とは「市場」である。

第五章 市場という領域

1　境界なきものとしての市場

人びとの生を左右する空間

もともとの課題に立ち戻ろう。問題となっているのは、境界のない社会的な結びつきが存在することと、世界が明確な境界線を持って分けられていくことの関係であった。

第一章から第四章まで、わたしたちが目にしてきたのは、明治初期の一〇年間を経て、明確な境界線を持ち、町村—郡区—府県—国、という重層的な同心円状の世界が出現するという事態であった。同時に、そうした同心円のひとつひとつは、それ自体には切実な意味のない、空虚な空間としてたちあらわれる。明確な境界線は、意味がないからこそ明確に引くことができるのだ。

それではなぜ、こうした無意味で空虚な空間が、それでも何らかの権力を行使する主体となることができるのであろうか。

無意味な境界線が世界を分割してゆくということは、それによって切り取られた空虚な空間ではなく、それとは別に、境界線を持たない、不明瞭で不定形な関係のかたまりとして、なにか切実なものが存在しているということである。不明瞭で不定形で、しかし切実なもの。わたしたちはそのような関係のひとつとして「市場」という領域を考えることができる。

まず、市場は明確な境界を持たない。

かつて、小中学生向けの啓蒙書として、しばしば国語教科書などで取り上げられた、吉野《よしの》源三郎《げんざぶろう》『君たちはどう生きるか』の主人公コペル君は、ある日、小さいときに飲んでいたオーストラリア製粉ミルクの缶を見ていて、「発見」をする。その粉ミルクがオーストラリアの牛からコペル君の口に入るまで、「何千人だか、何万人だか知れない、たくさんの人が、僕につながっている」、しかし「そのうち僕の知ってるのは、前のうちのそばにあった薬屋の主人だけで、あとはみんな僕の知らない人」だという発見である。そしてよくよく考えてみるならば、ミルクにかぎらず、何から何まで、すべてのものに「とても数えきれないほど大勢の人間が、うしろにぞろぞろとつながっている」ということに思いいたる。コペル君は、この発見に「人間分子の関係、網目《あみめ》の法則」という名前をつける。[97]ここでコペル君が想像しているのは、市場経済社会において、財とサービスが匿名の多方向的なネットワークとして流通するありさまである。市場経済は、財とサービスの流れ方について、あらかじめ定められた一定の方向性というものを持っていない。

経済学者カール・ポランニーは、人間の経済の主要な統合形態として、「互酬」「再分配」「交換」の三つを挙げている。[98]「互酬」とは財・サービスの動きが、対称的な二つの点のあいだでおこなわれるような経済のあり方である。たとえば部族社会で見られるような、A部族からB部族への贈り物が、B部族からA部族への贈り物によって埋め合わされ、そのことによってA部族とB部族の分業関係が結びつけられているようなものをイメージすればよい。そして再分配とは、財・サービスが中央に一度集められ、それがふたたび外に向かって動くような、そうした経済のあり方である。古代帝国が租税や労働力の徴発として全国から徴収した財やサービスを、国家レベルの公共事業のために全国に散布するような経済の構造である。これらに対して「交換」とは、財・サービスの「システム内の分散した、あるいは任意の二点間の動き」である。市場経済社会における交換は、あらかじめ定められた点から点への財・サービスの動きとしておこなわれるのではなく、ランダムな点と点のあいだでおこなわれる。したがって、互酬や再分配が、ある境界を持った人間集団のまとまり（部族や帝国）を前提とするのに対して、市場経済社会における交換はそのようなまとまりを前提としない（図5—1）。市場は、無境界的であり、多方向的なシステムである。

しかし、同時に市場は、人びとが生きていくうえで、人びとにとって切実な意味を持っている。

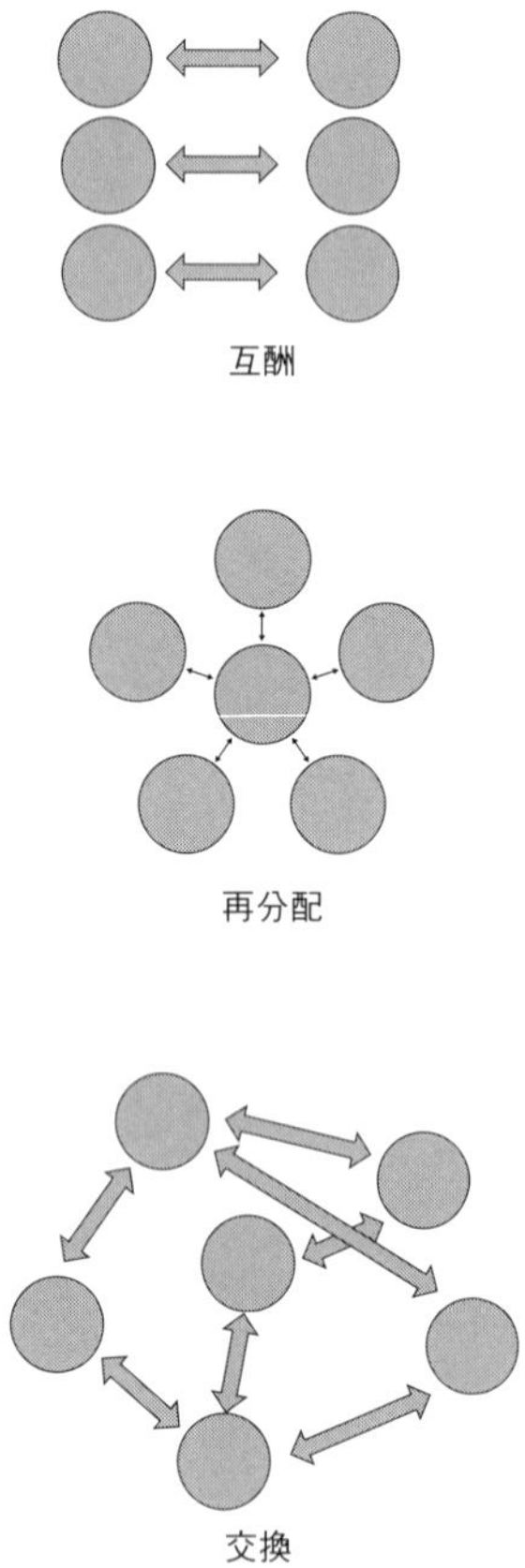

図５－１　「互酬」「再分配」「交換」

わたしたちが日々、曲がりなりにも、生活に必要な財とサービスを手に入れることができるのは、市場が機能しているからである。だからこそわたしたちは、市場の機能のよしあし、つまり「景気」と呼ばれるものの動向に一喜一憂することになるのである。お母さんのお乳が足りなかったとき、赤ん坊のコペル君の生を支えたのは、世界市場を媒介にしてもたらされたオーストラリア産の粉ミルクだった。

市場そのものの歴史は人類の歴史とともに古く、近世社会にももちろん市場はあった。農民の多くも自給自足の生活を送っていたわけではなく、農家の戸主みずから、あるいはその家族が賃労働や小さな商売など、何らかのかたちで農業以外の生業《なりわい》に携わること（当時の言葉で「農間余業」と呼ばれる）はごくありふれた現象であった。しかし、近世社会の人びとの暮らしが、市場によって全面的にコントロールされていた、あるいは近世社会の人びとの暮らしが全面的に市場に依存していた、と考えることはできない。それは単に自給自足という市場外の財・サービスの供給が量的に大きな割合を占めている、というだけではない。市場に参加するプレイヤー、つまり商人や製造業者、労働者それぞれが、「○○村の百姓」であるとか、「××町の□□商人仲間の一員」といった身分的資格を持ってそこに参加しているからである。そこで人びとは、単に商品を売り買いする人として振る舞うだけではなく、村や町という小さなモザイク片の一員、ないしモザイク片の代表者として（たとえば村の代表者である村役人が村のために外部から金を借りるような場合[99]）取引に参加する。そのモザイク片のなかでは、市場の論理は通用しないし、また外の市場においても、モザイク片のなかの社会関係に破壊的な影響を及ぼすような行動をとることはできない。人びとの暮らしを支えるための切実な意味を持つ社会関係とは、「地縁的・職業的身分共同体」としての村や町なのであって、市場という多方向的で無境界的なシステムではない。

村のような集団が、人びとの暮らしを支える組織だ、というのはある意味わかりやすい話だろう。そこでは、お互いの助け合い、ポランニー風にいえば「互酬」や「再分配」が日常的におこなわれている。同時に、冷酷で無慈悲な経済法則の貫徹する場であるように見える市場もまた、人びとの生を支える機構であることも直視しなくてはならない（それが望ましいか、望ましくないかということは別の問題である）。市場は無境界的で、かつ切実な意味を持つシステムとして、人びとの前に現に、厳然と存在する。

わたしたちの生きる時代が、境界的な国家の暴力と無境界的な市場の暴力に同時にさらされる時代であること。これが認識の出発点であった。そして、境界的なものとは、無意味で空虚で、切実な意味を喪失した境界線によって得られるものであることが、ここまでで明らかになったことであった。しかし、無意味で空虚で、明確な境界を持つ空間は、たしかにまたひとつの権力の主体であり、人びとを抑圧し、人びとの生を左右する。解かれるべき問いはここにある。

無意味で空虚で、しかし明確な境界を持つ空間が権力の主体となりうるのは、その権力が及ぼす作用が、市場という不明瞭で不定形で、しかし切実な社会関係にとって、影響を持つからではないか。そうした仮説を立ててみることもできるであろう。本章では、この仮説について考えてみることにしたい。

2 備荒儲蓄法

備荒儲蓄法の制定

近世社会において人びとの生活を維持する仕組みのひとつとして生み出されたものが備荒貯蓄制度であった。あらためて備荒貯蓄政策のその後の展開を追うことからはじめてみよう。

第三章で、直轄県のひとつである品川県の備荒貯蓄政策が失敗に終わったことを見た。このような問題に対処するため、明治五（一八七二）年一〇月二五日、大蔵省は、従来の備荒貯蓄政策を一旦白紙に戻すことを命じた。これによれば備荒貯蓄のために集められた金や穀物は、すべて出資者である村単位に戻されなければならず、県や国家機関はそれに関与してはいけない、とされた。

これからしばらく政府では備荒貯蓄政策は放棄される。もし、飢饉が起きれば、近世同様の、村のなかでの助け合いに負担を転嫁するような方法が取られるしかない状態に逆戻りするわけである。しかし幸いにも、この後数年間は大きな凶作がなかった。

政府がふたたび備荒貯蓄政策を取り上げるのは、明治一二（一八七九）年のことである。この年の六月二七日、大蔵卿大隈重信は一通の意見書を提出し、そのなかで備荒貯蓄政策を導入する必要があると主張した。[100] これにもとづいて翌明治一三（一八八〇）年、「備荒儲蓄法」という法律が制定される。

なぜ一度放棄した備荒貯蓄政策を、政府はふたたび取り上げるのであろうか。それは、その前年明治一一（一八七八）年に制定された三新法が、備荒貯蓄政策を可能にする新たな条件を整備したものと、大隈重信は考えたからであった。大隈の意見書は、新たに開設された府県会を関与させるならば、直轄府県期に起きたような失敗は起きないであろう、と述べている。つまり、府県の施策が人びとの反発を受けたり、あるいは県が勝手に運用して失敗したりするようなことは起きないだろうということである。府県会を通じ、住民の代表の参加を得ておこなわれる府県の行政は、それ以前の府県のように偶然で無意味な空間ではないのだ、と大隈は考えたのである。

そのような大隈の理解ははたして正しかったのであろうか。たしかに三新法によって府県の持つ意味は変わった。そこには選挙によって選ばれる府県会が設けられ、府県全体の財政である地方税の予算が審議される。しかしそれはどのような種類の「代表」であっただろうか。すでに前章でわたしたちはそれを見てきた。府県会議員が代表するのは、抽象的で観念的な「府県住民」一般であり、一人ひとりの人間が抱える個別の切実な利害ではない。そうした個別利害を排除したうえに成り立つ、誰にとっても共通しているがゆえに、誰のものでもない利害こそが、地方税・府県会という仕組みに託されたものなのである。そうした府県会という場に、個々の人間の、経営レベルでの暮らしを保障する備荒貯蓄政策は、必ずしもなじむものではなかったのである。

大隈はいささか楽観的に過ぎた。立法諮問機関・元老院の反対を押し切り、明治一三年六月一五日に公布された備荒儲蓄法は、つぎのような内容を持っている。①災害によって困窮した者に、食料・小屋掛料（仮設の住宅を設けるための費用）・農具料・種穀料を給与、被災によって地租を納めることができなくなった者には、租税の補助・貸与をおこなう。②政府はその原資として年間一二〇万円を支出し、三〇万円は中央儲蓄金として大蔵省が管理し、九〇万円は地租額に応じ各府県へ配布する。③各府県は政府からの配布額を下回らない範囲で、土地所有者から、それぞれの地租納入額に応じ、金を徴収する（これを「公儲金」と呼ぶ）。集められた公儲金は、配布金とあわせて府県儲蓄金として管理される。④府県儲蓄金の管理の方法は府県会が定める。ただし、各府県儲蓄金の半額以上は公債証書のかたちにしなければならない。つまり、その分の公債（国債）を買い入れねばならない。残りの半分については米穀、現金、公債などどのようなかたちで保管してもかまわないが、米穀による貯蓄は総額の半額以下としなければならない（図5—2）。

府県会を関与させるといっても、その権限は限定されたものであった。備荒儲蓄法において府県会に与えられた権限を確認しておこう。第一に、地租に対する公儲金の徴収率を定めることである。ただし年間徴収総額が、その年度の中央からの配布額を下回ることは許されない。第二に儲蓄金管理の方法を定めることである。ただし、貯蓄総額の半額以上は公債証書を購入すること、米穀を購入する

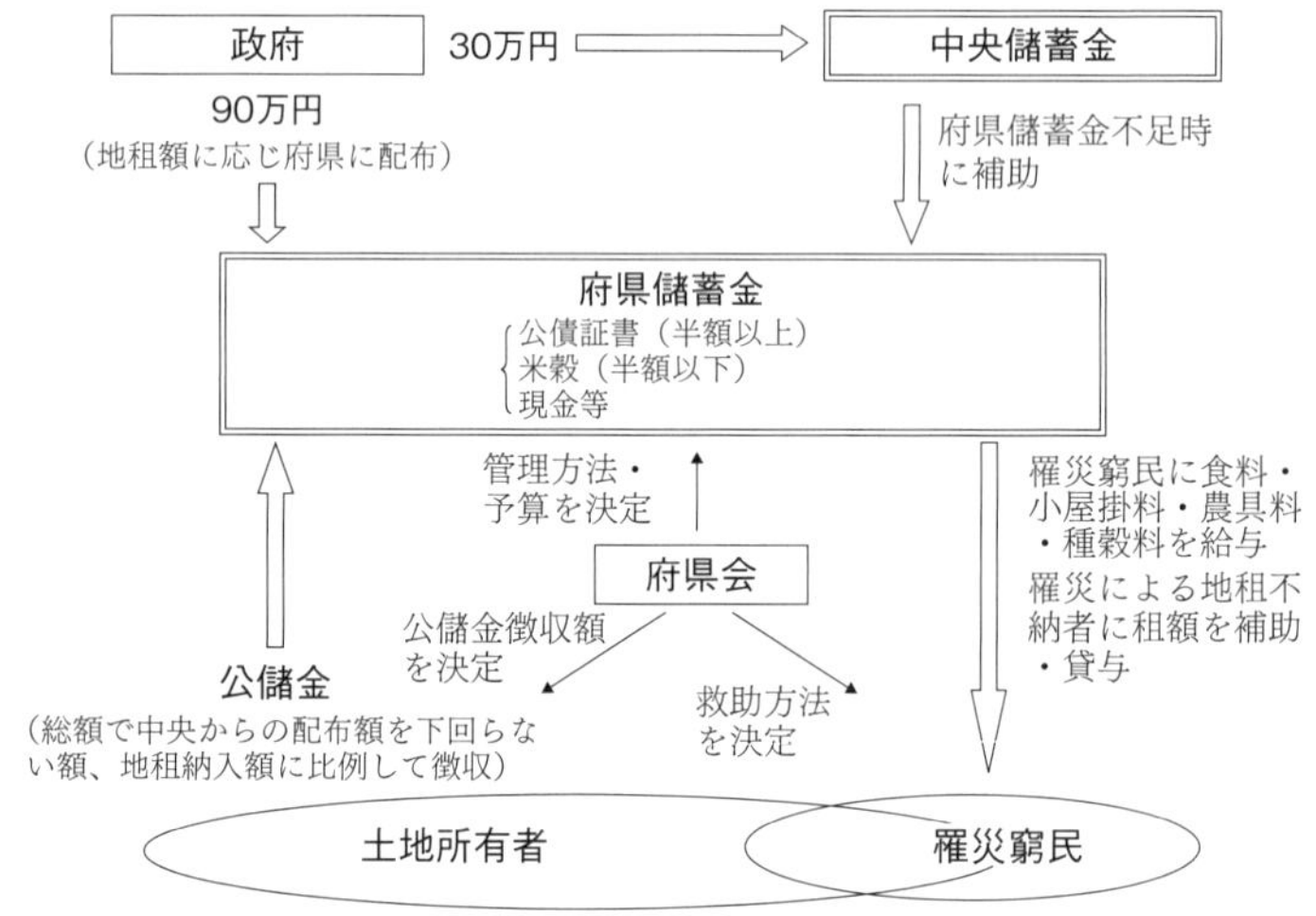

図５－２　備荒儲蓄法の仕組み

ことは貯蓄総額の半額以下であること、という制限がある。第三に、被災者への支給の方法を定めることであるが、これも、法に定められた日数・金額の以内においてという制限つきである。これでは、人びとのじゅうぶんな合意のもとに公儲金を徴収するといっても看板だおれである。府県会のなかには、備荒儲蓄法自体が負担の増加であるとして反対する者があり、審議ボイコットなど、県庁と県会の激しい対立が生じたりした（神奈川県・静岡県）[101]。大隈が楽観的にすぎたのは、まずこの点についてである。

公債か米か

より根本的な問題は、府県会議員たちが、備荒儲蓄法による人びとの救助にさして強い関心を示さなかったことである。

埼玉県会の場合を例にとってみよう。備荒儲蓄金の管理方法について、当初埼玉県会は、定期預金と公債証書による保管という選択をおこなった。明治一六（一八八三）年と明治一七（一八八四）年の両年には、松方デフレによる米価の低落を受けて、備荒儲蓄金で米穀を購入するようにとの政府の指示[102]を受けて米穀が購入されたが、明治二〇（一八八七）年以降は、新規の貯蓄はほぼ全額が公債証書の購入に振り向けられるようになる。

備荒儲蓄法の施行当初には、対立軸は、米穀の購入をするのか、公債証書や定期預金といった金融資産のかたちで保管するのか、という点にあった[103]。米穀ではなく金融資産で保管するべきである、と主張した議員たちの論点は、つぎのようなものであった。県内の甲という地域で不作であっても、乙という場所では豊作であるということもある。また米が不作でも麦なら収穫できるということもある。このように相互に融通しあうことができるのだから、被災者救助のために米穀という現物の形態で準備をしておく必要はない。万一の場合には、朝鮮からでも、中国からでも、アメリカからでも輸入することができる。すべての穀物生産地が同時に凶作に見舞われることはありえず、貨幣さえ貯蓄しておけば購入はいつでも可能であるとする立場である。「食料自給率」や「食料安全保障」といった考え方になじんだ現在のわたしたちから見ると、このような議論はひどくあぶなっかしく見える。しかし、米穀購入派はこれに対して積極的な反論を加えることができず、埼玉県会は基本的に米穀の購入をおこなわない、という選択をしたのである。

ここから見えてくるのは、無境界的で多方向的な市場が人びとの暮らしを支えることができる、という信頼である。世界を境界なく覆う市場メカニズムが機能していれば、埼玉県という境界を持った単位のなかで、自給自足的に人びとの暮らしが支えられる必要はない。「県」はそうした切実な意味を持った単位ではないのである。

同様の構図は、米穀購入論が下火になった後、公債証書購入か定期預金か、という対立でも見られる。

定期預金論の根拠は、県内の企業に預金することによって、県内の産業の振興につなげることができる、という点にあった。実際、備荒儲蓄金の預金先には、銀行だけではなく、製糸会社や足袋製造業者といった製造業者が含まれており、備荒儲蓄金の預金は産業振興という目的を持っていたのである。

一方、公債証書派は、第一に管下のものに貸し付ければ災害時に預金引上げが困難であり、公債証書の方が安全性が高い、第二に定期預金は、県内全体の利益にはつながらず、預金先の特定の銀行や会社の利益にしかならない。むしろ額面より安価に購入可能な公債を買い入れ、実質的な高利回りをあげることができる公債に投資した方が、備荒儲蓄金が全体として増加するという点で、県内全体の利益につながる、と主張する。

定期預金派は公債証書派の議論を、それでは資金が県内にとどまらず、「東京株式取引所等」へ流れていってしまう、と批判する。これに対して公債証書派は、県内の企業に預金したとしても、資金が東京へ流れる時は流れるであろうから同じことだ、と反論している。

無境界的で多方向的な市場の重要性を共通の土俵とするかぎり、両者の対立において公債証書派が有利であることは明らかである。資金の流れを東京と埼玉のあいだで分断してしまうことは、金融市場の特性上不可能だ、というのは公債証書派の言うとおりだからである。

こうして、最終的には埼玉県における備荒儲蓄金は公債証書によって保管されることになった。そして、公債証書派も定期預金派も、その関心はもっぱら備荒儲蓄金の運用に向けられていた。実際の救助のあり方は、県会議員たちの主たる関心とはなっていないのである。

以上の経過から、三新法以降の府県会において、人びとの生活を支えるものとして、議員たちが市場の存在を重視し、備荒儲蓄法による救済のような、広域的な相互の助け合いを重視していなかったことが明らかになった。この点でも、大隈は楽観的に過ぎたのである。

品川県の社倉政策において、すでに「市場」が人びとの暮らしを支えることは自覚されていた。そこで、品川県は備荒貯蓄政策と市場メカニズムを結びつけようとしたのであった。しかしここで明らかになったのは、そもそも備荒貯蓄政策のような再分配志向の政策は、市場という無境界的結合に人びとの生活をゆだねるような仕組みと相性が悪い、ということであった。

再分配とは、再分配がなされる人びとの範囲に、ある明確な意味がなければ有効に機能しないのである。

3　道路が結ぶもの

地方利益とはなにか

それでは、市場という無境界的で多方向的だが切実な意味を持つ領域と、国家―府県―郡区―町村という、明確な境界を持つが切実な意味を持たない空間とは、どのように関わりあうことになるのだろうか。その一端を、同じく三新法期の埼玉県会における、交通網整備をめぐる議論から探ってみよう。

日本の近代史において、道路や鉄道といった交通網整備と地方政治状況との関係は、一般的に「地方利益」の問題としてとらえられてきた。ある地方の住民が、自分たちの地方に道路を造って欲しい、あるいは鉄道を敷いて欲しいと願い、政治家がそれを利用する、つまり政治家がそのための予算を獲得することと引き換えに、有権者からの支持を獲得する。そうした「地方利益誘導」型の政治が日本政治の底流にあったという理解である。

もちろん、こうした意味での「地方利益」という単語には、本来国家全体の利益を考えるべき政治家が、ひとつの地方の目先の利益に左右されて、政策を決めてしまうという否定的なニュアンスが含まれている。

　こうした歴史像を提示した研究として重要な業績が、有泉貞夫氏の『明治政治史の基礎過程』[104]という著作である。有泉氏は、明治初期から大正時代にかけての山梨県の政治史を分析して、つぎのような結論を出した。当初、県会議員として選出されてきた人びとは、いわゆる自由民権運動家たちであって、県庁と対立関係にあった。この時期の県会議員たちがめざしていたのは、予算を削減することによって、地方税を減税することであった。ところが、明治の中後期になると、山間地域の住民は、自分たちが経済発展から取り残されるのではないか、という危機感から、道路建設や鉄道敷設といった交通機関の整備への強い希望を持つようになる。一方、この時期は山岳部の乱開発によって、水害が頻発する時代であった。そこで、平野部の人たちは、水害を防止するための堤防工事の推進を希望するようになる。県会議員たちは次第にこういった住民たちの希望を無視できなくなり、山間部選出の議員と、平野部選出の議員がそれぞれ取り引きをして、ある道路建設の予算を承認するかわりに、ある堤防工事の予算を承認する、そしてそれらの支出を可能にする地方税の増税を容認するようになる。県庁は、予算案作成の権限を持っているから、どこに予算を配分するか、という計画を立てることで、県会議員たちをコントロールすることができるようになる。こういう仕組みが、明治後期に作り出され、これが近代日本の政治構造の基礎になった、というのである。

　そして、この図式は、日本全体、中央政府レベルでの財政でも当てはまる、とされた。日本全体の財政を左右するのは、大日本帝国憲法においては帝国議会である。戦前日本における最大の政党であった立憲政友会と、その政友会を率いる原敬《はらたかし》は、それぞれの地方に利益を分配するという政策を掲げることによって、地方の支持を取り付け、政友会の勢力を拡大する。

こうした説明は、それなりに説得的で、おそらく大枠において間違っていない。ひとつだけ疑問があるとすれば、道路整備や堤防整備といった「地方利益」というものは、はたして、その地方の住民全員にとって、「利益」たりうるのか、という問題である。

一例をあげると、有泉氏の著書に「宮谷村《みやたにむら》事件」という事件が登場する。これは、明治七（一八七四）年、山梨県である道路の整備計画が立てられた際、その道路の沿線にある宮谷村という村が、計画通りに道路を造ると、この村でおこなわれていた山葵《わさび》生産に必要な湧き水が潰れてしまうという理由から、道路建設に反対したという事件である。

この事件が示しているのは、ある道路というのが、ある地域を全体として見た場合には利益になるとしても、個々の村や個々の経営を見た場合には、必ずしも利益になるとはかぎらず、むしろ、自分たちの暮らしを脅かす場合もある、ということである。そして、明治七年の時点では、それが表面化して、地方利益誘導による政治の成立をさまたげていた。それにもかかわらず、ある一定の時期以降、「地方利益」が政治の手段として機能しているとすれば、そういう個別の反対を抑圧して、「利益」にまとめるなんらかのメカニズムが存在していたと考えなくてはならない。

道路問題と県会

明治期の日本において、道路は、その重要度に応じ国道・県道・里道の三つのランクに分けられていた。しかし、この道路のランク分けはそのまま財政負担の区分に対応していたわけではなく、国は府県からの要請を個別に審査し、認められれば補助金が国庫から支出され、それ以外の部分は府県の支出（地方税）か、町村の支出（協議費）かのいずれかによって建設・修繕される、ということになっていた。三新法期には、国道・県道・里道のそれぞれについて、地方税で負担するのか、町村協議費で負担するのか、という問題が、府県会で審議される対象となっていたわけである。

予算の原案は府県庁が作成するが、それを審議するのは府県会なので、どのように費用の負担を区分してゆくかという点については、府県会の審議によってさまざまな結論が出される。埼玉県の場合を例にとると、明治一二（一八七九）年の最初の県会から、明治一六（一八八三）年までのあいだに、おおむね、国道の修繕・建設は全額地方税負担、県道の修繕・建設は協議費負担で、必要に応じ地方税から補助金を支給、里道の修繕・建設は全額協議費負担、という慣行が成立していた[105]。なお、埼玉県における国道は、中仙道《なかせんどう》と陸羽《りくう》道《どう》、現在の国道一七号線と国道四号線である。

ところが、明治一七（一八八四）年以降、この方針は変化する。これまで全額協議費で負担されていた里道の修繕・建設に関しても、地方税から一部補助を与えることを認めるようになったのである。地方税から道路整備への支出が積極化したわけである。

こうした積極化の背景には、鉄道の開通という事情がある。明治一六年、日本鉄道第一区線上野・熊谷間が開業（現在の高崎線）、つづいて明治一八（一八八五）年に第二区線大宮・宇都宮間（現在の東北本線）が開業したことによって、埼玉県下を南北に貫く鉄道路線が開通したのである。

これによって埼玉県を南北に貫く国道の意義は低下した。並行して鉄道が開通してしまったからである。これに対して重要度を増したのが、県内を東西に走る道路、つまり県内各地と鉄道駅とを結ぶ道路である。これらは県道ないし里道であるから、これらの道路の建設・修繕を促進しなければならない、という気運が高まり、補助対象が里道まで拡大されることになった。

変化したのは補助金支出の範囲だけではない。明治一八（一八八五）年以降、その手順も大きく変わった。それまではまず地元の町村会が協議費の支出を決めて、県庁に補助を申請してから補助の可否を決めていたのに対し、県の側でまず補助額を決めてしまい、県会で予算案を議決してから地元町村の町村会に町村費の予算を審議させるという手順に、順番が逆転したのである。地元町村がその道路を必要とするかどうかはお構いなしに、県の方からさきに補助対象が決められてしまうのである。これは場合によっては、地元にとって「ありがた迷惑」という事態を生じさせることになる。

このような、いわば上からの「補助」はどのような論理によって正当化されたのだろうか。明治一八年の県会における議長加藤政之助《かとうまさのすけ》の発言を見てみよう。[106] 加藤は慶應義塾に学んだ人物であり、のちに帝国議会の代議士として政界で活躍する人物である。

加藤は言う。最近、わが埼玉県の中央を鉄道が貫通したのは、産業を発展させる力の源泉となるものである。しかし、この鉄道だけで産業が発展するわけではない。鉄道が開通して以降、鉄道沿線の各地はその産物を東京その他の地方に輸送する便を得たけれども、鉄道から離れた地域は、それを利用した輸送コストの低減という恩恵をいまだに受けていない。したがっていま埼玉県の産業を振興させるには、鉄道から遠隔地域に延びる道路を修繕・建設して、運輸の便をよくすることが重要である。しかし、現在の県内の道路の状況は非常に悪く、貨物を運搬する目的にとってじゅうぶんではない。そのため輸送コストが上昇し、価値のある生産物が売れないまま埋没しているのは非常に嘆かわしい。いま道路を整備すれば産業は発展し、これまで販路がなかったため価値を持たなかった産物もその価値を増すであろう。

　ここで加藤が主張しているのは、広い市場と結びつくことによって人びとの生活はよりよくなるという考え方である。鉄道や道路といった交通手段は、人びとと広い市場とを結びつけるための手段である。こうした考え方を突き詰めてゆくと、鉄道や道路といった交通手段は、単にそれを使う人にとって利益であるというだけではなくて、その市場につながっている人びと全体にとって利益であると考えることが可能になる。たとえばA地域で産出される商品が、A地域を通る道路の建設によって、より安いコストでB地域にもたらされるようになった場合、A地域を通る道路は、B地域に商品をもたらすという点からして、B地域の住民にとっても「利益」だからである。

　こうした考え方をはっきり述べているのが、明治二〇（一八八七）年一〇月一八日、埼玉県比企郡の連合戸長五名が県知事宛に提出した意見書[107]である。この意見書は、県に対し、県道の建設・修繕はすべて地方税でおこなうべきである、と主張しているのであるが、その根拠として持ち出されるのが、社会と人間の体の比喩である。社会をひとつの体と見るならば、道路は「脈管」、つまり血管のようなものである。血管が壊れれば、血液の循環は止まり、全身が機能を停止してしまう。そのように考えるならば、ある道路の受益者を、その道路の沿線住民という特定の住民に限定することは意味がないし不可能だ。県道の費用は、沿道住民という狭い範囲で負担されるべきものではなく、社会が全体として負担すべきものなのだ、というのである。

地方利益という抑圧

こうした「社会全体」の視点からの道路整備正当化の論理は、同時に、一部の住民の利益を抑圧することによって成り立つものであったことに注意したい。

その一例が、明治一七（一八八四）年から明治二二（一八八九）年にわたって問題となった、埼玉県の鴻巣《こうのす》と松山《まつやま》（現在の東松山市）を結ぶ道路の建設問題である。

この道路の建設には地元の賛成・反対の両派があり、激しい対立が起きた。というのも、道路を建設するためには土を盛り上げる必要があるが、地形的に水の滞留しやすいこの地域に盛り土をすると、それが水を堰《せ》き止めることになり、道路の北方の耕地が冠水してしまうという問題があったのである。そのため予定された道路の路線の北側（上流側）に位置する村々は、道路建設に反対した。

それにもかかわらず、明治二二年、最終的に道路は建設された。反対派が勝利できなかった原因のひとつは、明治一八（一八八五）年以降の埼玉県の道路行政の枠組みによって、まず地元の意向と無関係に県会が地方税予算を審議し、鴻巣・松山間道路への補助金支出を決めてしまっていたということがある。県会では地元に反対があることが問題となったが、推進派の議員たちは、道路の建設はひろく「県下一般」の利益のためになされるべきもので、多少の苦情は無視してもよいのだ、と主張し、勝利を収めた[108]。

もうひとつの要因としては、戸長役場制度の改変があげられる。この道路建設が問題になった時期は、明治一七年の改革を経て、一村一戸長制が連合戸長制に切り替えられた後の時期である。連合戸長たちは、反対する村の個別の利害に立って行動するのではなく、社会全体の利益の立場から、道路建設に賛成の立場をとった。

つまり、反対派の主張は、社会全体の立場からは無視しうる個別の利害の主張として切り捨てられたのである。それを可能にしたのは、府県と連合戸長役場管轄区域という、切実な意味を持たない空虚な空間での意思の決定であった。切実な利害を共有する単位の集積として社会がモザイク状に構成されているならば、こうした道路の建設は不可能であったであろう。

「地方利益」の誘導による政治とは、一見すると、個々の人間にとってむき出しの欲望にもとづく政治のように見える。しかし、それはそうしたものではまったくない。そこでとりあげられる「利益」とは、個々の人間の生身の欲求を、「全体」の名の下に抑圧することによってはじめて成立するような「利益」である。そして、そうした抑圧を可能にする「全体」とは、はっきりとした境界を持たぬ「市場」という社会関係にほかならない。

4　市場と地方

境界なき市場の上の権力

三新法で生まれた「地方」という空間、そして明治一七（一八八四）年の改革で生まれた戸長役場管轄区域という空間、そうしたものの重層としてたちあらわれる同心円状の空間の空虚さ、にもかかわらずそれが権力の主体たりうることの根拠、という問いに立ち返ろう。

そうした空間が権力の主体たりうるのは、切実な何かのためにそれが機能するからである。その「何か」とは「市場」である、というのが、本章でわれわれが見てきた現象から導かれる答えである。

市場とは、境界を持たない、しかし人びとの暮らしを支える切実なものとしてあらわれる。そして、本質的には市場にとって特定の空間は無意味である。市場の本質とは、「モノが、どこでも、何とでも交換可能であること」、つまりモノが抽象的な「商品」（交換価値）として流通することだからである。

切実な意味を持たない同心円状の空間が、権力の主体となるのは、こうした市場という領域を相手にしているからである。市場は無境界的である。そうであるならば、市場が展開する空間を恣意的に分割することに支障は存在しない。もともとそこには境界はないのだから、どこに境界を引いてもかまわないのである。同心円状の空間は、恣意的に空間を分割し、暫定的な持ち場として空間を管理する。それによって、空虚で切実な意味を持たない「地方」という空間は、権力の主体たりうる。

この権力を支えるのは、市場という無境界的な「全体」の利害である。無境界的で多方向的な市場というメカニズムそのものの円滑な機能のために奉仕すること、たとえば商品が流通する費用を可能な限り縮減するための交通網を整備することが、その使命となる。市場というものが、抽象的な「商品」の運動の場であることに対応して、無境界的な市場の利害は、個々の人間や人間集団の利害ではない。誰のものでもないが、市場に暮らしをゆだねた人びとにとって共通の利害。そうした利害の管轄者として、無意味で空虚な空間は権力の行使者となるのである。誰のものでもない全体の利害のために、個別の利害は時として抑圧される。

しかしこうした空間の分割にはひとつの条件がある。それは、恣意的に引いた境界の双方において、同質的な権力体が存在し、同じように仕事をしていることである。そうでなければ、市場の機能はその境界によって制限を受けてしまう。実際、埼玉県の隣には、よく似た姿の千葉県や群馬県が存在する。三新法は「地方」を生み出すとともに、それを同一の質の権力体のモジュールとして鋳造したことは前章で見たが、このことは、権力が境界なき市場の上に立つ際のひとつの条件だったのである。

第六章

町村合併

1 「自治」の思想

「市制町村制」と町村合併

明治二一（一八八八）年四月二五日、あらたな法律「市制町村制」が公布された。この法律は翌明治二二（一八八九）年四月一日より、北海道・沖縄・島嶼をのぞく全国で施行されたが、それにさきだって、大規模な町村合併が実施された。これがいわゆる「明治の大合併」である。明治一一（一八七八）年以来の「三新法体制」はこれによって終焉をむかえると同時に、明治維新以後、転変をくりかえしてきた地方制度は、ようやく一定の安定を見ることになる。

「市制町村制」のうち、「市制」の部分は全七章一三三条、「町村制」の部分は全八章一三九条からなる。「市制」は都市部の「市」に適用され、「町村制」は農村部の「町村」に適用される。市制町村制が施行された当初、市制が施行されたのは、少数の、当時としては大都市にかぎられていた（全国で三九市）。県庁所在地であっても市になったわけではない。たとえば埼玉県では県庁所在地の浦和は町であった。

町村制に即して、その内容を見ておこう。まず、町村に住んでいる者はすべて「町村住民」と呼ばれる。その「町村住民」のうち、二年以上町村の住民であり、その町村の負担を分任し、地租あるいは直接国税二円以上を納め、一戸をかまえる二五歳以上の男子が「町村公民」とされた。町村公民は、町村の選挙において選挙権を有し、また町村長（このとき明治以来の「戸長」という職名は廃止され、現在につながる町村長という職名が採用された）、町村助役、町村会議員に選出される被選挙権を有している。

この町村長、町村助役、町村会議員の三つの役職は、町村制においては「名誉職」という規定を与えられている。

「名誉職」とは何だろうか。この語は、今日の日常生活では、その職を引き受けるのが単に名誉であって実体はない、というような意味で使われるが、本来はそうではない。名誉職というのは、その職につくことが生活の手段にはならないため、別に本業のある者が引き受けるべき職のことである。つまり名誉職とは無給で務めなくてはならないポストのことであって、したがって反対語は「有給職」である。そして、町村制によれば、名誉職に選挙された場合、それを引き受けるのは町村公民の義務であって、理由なくしてはそれを辞退することはできない。この「名誉職による行政」という仕組みが、町村制という法律を理解するカギとなる。

町村会の議員は「等級選挙」という方法で選ばれる。これは、選挙権を持つ公民を町村税の納入額に応じ一級・二級の二つに分け、それぞれが半数ずつの議員を選挙するという制度である。町村税を納めている額の合計の上位から順に、納税合計額が町村全体の納税額の半数に達するまでの公民を「一級選挙人」とし、それ以外を「二級選挙人」とする。

例を挙げて説明するとこうなる。たとえば、一〇〇人の公民がいる村があり、その公民一〇〇人が合計一万円の村税を払っていたとする。そのうちもっともたくさん税金を払っているAは村税を二〇〇〇円、二番目のBが一八〇〇円、三番目のCが一二〇〇円払っていたとする。そうすると、ABCの三名の払っている税金の総額は五〇〇〇円で、町村税総額の半分である。この三人が「一級選挙人」で、のこり九七人が「二級選挙人」である。町村会の議員の定数が一〇人だったとすると、一級選挙人三人で、半分の五人の議員を選んでよい。残る九七人も、半分の五人の議員を選ぶ。このように有産者が強い政治的権利を持つのが等級選挙制である。

町村会は町村の予算や町村の条例を定めることができる。そして、町村の長である町村長と、町村長を補佐する町村助役も、町村会により選出される。

モッセと「自治」の思想

「町村制」の施行と町村合併の実行は、「地縁的・職業的身分共同体」である近世の町や村を最終的に解消し、合併によってあらたな町村を作り出したという点で、明治維新以降の制度変容のひとつの到達点である。同時に、第四章で見た、いわゆる明治一七（一八八四）年の改革から見ると、飛躍とも思われる点がある。

ひとつは、一七年改革における町村の「連合」による戸長役場の設置にかえて、「合併」という、町村そのものを解消してしまう方針をとったことである。町村合併がおこなわれたという事実を知っている今日のわたしたちの視点からは、「町村連合」という形態は「町村合併」の準備段階の、過渡的な措置のように見える。しかし、こうした理解は正しくない。というのも、町村制に向けた地方制度の改正案の取り調べは、一七年改革の直後から内務省の官僚が中心になって進めており、明治一九（一八八六）年までのあいだに四つのプランが作られているのであるが、[109]これらはいずれも連合戸長役場制を採用しているのである。町村合併をおこなうことは、最初から既定の路線ではなかった。

もうひとつの飛躍はさきほどふれた名誉職制の採用である。一七年改革による連合戸長役場制の採用は、戸長の数を減らして戸長の給料を増額することがひとつの目的となっていた。名誉職による無給の行政事務担当とはまったく反対の方向を向いた改革なのである。そして、内務省が立案した四つのプランはいずれも名誉職制を採用していない。

こうした飛躍は、「町村制」の原案が、内務省の官僚の制度改革案の延長線上に出てきたのではなく、ドイツ人のお雇い外国人、アルベルト・モッセの意見を取り入れて作られたことに原因がある。モッセは法律家で、伊藤博文の憲法調査に際して師であるルドルフ・フォン・グナイストにかわって憲法学を講義し、明治一九年、内務省顧問として来日した人物である。

内務省でまとめられた案を見せられたモッセは、明治一九年七月二二日、自分の意見を内務大臣山《やま》県有朋《がたありとも》に提出した。[110]それは、内務省案に対して、根本的な方針の再検討を求めるものであった。

モッセの立場は、地方制度の立案は、地方制度のことだけ考えていたのでは不十分であって、来るべき憲法の制定と合わせて、あるいは憲法の制定にさきだって、国家の基本的な骨格を定めるべきものと考えなければならない。そのためには、まず大方針を定め、そのうえで個別の法案の立案に向かうべきである、というものであった。

これに反応したのが内務大臣山県有朋である。山県はモッセの意見を大きく取り入れ、明治二〇(一八八七)年一月二四日、「地方制度編纂委員」を任命した。委員長は山県内務大臣、委員は外務次官青木周蔵《あおきしゆうぞう》、内務次官芳川顕正《よしかわあきまさ》、逓信次官野村靖《のむらやすし》、モッセの四人である。直接の地方制度関係者ではないにもかかわらず、ドイツ留学経験があり、また駐独公使をつとめた青木や、おなじくドイツ留学経験のある野村が委員となっていることからも、ドイツ色が強いことがうかがわれる。

地方制度編纂委員会では、まずモッセが方針を提出し、これを日本語に訳したものが「地方制度編纂綱領」と題され、立案のたたき台となった。名誉職制が採用されたのは、この段階においてである。つまり、名誉職制とはモッセが持ちこんだものなのである。

それでは、モッセはどういう思想にもとづいて名誉職制を提案し、山県内務大臣はモッセの思想の何に共感したのだろうか。

モッセの考え方の基本は、国家全体の統治の安定の観点から地方制度を考えるというものである。[111] 中央集権的な国家では、中央政府が少しでも失敗すると、その責任が中央政府に集中してしまうので、国家の統治が安定しない。地方分権と地方自治とは、そうした中央集権制の問題を解決するための手段である。まず分権をすれば、中央政府が多少失敗しても、あるいは地方のある権力が失敗しても、責任が一箇所に集中する恐れがない。そして、その分割された権力に、それぞれ自治権を与える。自治権のない中央集権制であると、権力は人びとから遠いところに存在するので、政府の行政というのがどうしても他人事になりがちで、政府のやることに無責任に反対したりしがちである。これに対して、自治制を導入すると、身近な自治体の行政の事務を自分たちの手で遂行することによって、行政への責任が生まれる。これが「自治」のもたらす効用である、とモッセは言う。

名誉職制というのも、そうした自治の思想にもとづいて採用されている。有給の専門官僚が町村長をつとめると、それはその人だけの仕事になってしまって、町村の住民にとっては所詮は他人事ということになってしまう。これにたいして、名誉職制のもとでは、町村住民が、自分たちの問題、自分たちの利害に関わる問題を自ら参加して処理するという「自治」の本来のあり方が明確になる。

一方、内務大臣山県有朋の側には、目前に迫っている憲法の制定と議会の開設への不安があったと思われる。明治政府はそれまで自由民権運動と対立してきたわけであるが、選挙の結果、政府と対立的な民権派が多数を占めてしまったらどうなるか、という不安である。モッセの説く「自治」の効用は、こうした不安を和らげてくれるものであったのだろう。

明治二一（一八八八）年一一月二〇日、立法諮問機関である元老院で山県はひとつの演説をしている。[112]これは、市制町村制につづき、府県・郡の制度を定めた「府県制」「郡制」の趣旨を説明するためのものであるが、このなかで山県はつぎのように述べる。

自ら責任を持って、実際に地方の実務を担当した人びとは、政治の経験が豊富となるから、帝国議会が設立された際には自然とその人たちが議員に選ばれることになるであろう。こうした人びとは、現在世間で「政論家」と称して空論を唱え、不平を鳴らし、社会の秩序を乱そうとする者たち（つまり、民権家たち）とは比較にならない。こうした経験に富んだ着実な人びとが帝国議会を構成するならば、その議事は円滑に運び、政府と議会とは対立することなく、立憲政体の樹立という事業は好結果をもたらすことができるであろう。

山県は「自治」に、「立憲政体」を安定させる機能を期待したのである。

「自治」の思想と「地方」の現実

しかし、モッセ―山県の構想には、ひとつの難点があった。それは、一七年改革によって生まれた連合戸長役場管轄区域は、いかなる意味においても「自治体」ではない、ということである。

モッセの「自治」の構想は、人びとが自発的に参加する「自治体」が、人びとにとって、自分たちのものとして切実な意味を持つことを前提にしている。そうであればこそ、そうした「自治体」での行政の経験を通じ、人びとは行政を自らのものとして責任を持って引き受ける主体として陶冶《とうや》されるのである。人びとにとって切実な意味を持つ「自治体」の実在を媒介にして、その切実さを順次上位の権力体に及ぼしていく点にモッセ構想の特色があった。

ところが、本書でわれわれが見てきた明治前期日本の地方制度の変容とは、そうした、切実な意味を持つ「自治体」が存立の根拠を失い、無意味で空虚な空間が重層する秩序が生成する過程であった。その結果としてあらわれた連合戸長役場管轄区域とは、五〇〇戸に一名の戸長という基準にしたがい、便宜的に村々を組み合わせることによって設定された行政区画である。その単位に切実な利害の共有がないことは誰の目にも明らかだった。

つまり、モッセが想定したような「自治」の思想が有効性を持つ前提が、その時点の日本には存在していないのである。「自治」を有効たらしめるためにまず考えられるのは、連合戸長役場制を廃し、「自治体」としての町村、かつて切実な利害の共有単位であった町村を、制度の基底に復活させることであろう。

実際、モッセは当初そのように考えていた。そして、明治二〇（一八八七）年三月、全国の府県知事を東京に集めて開かれた会議で、政府が、地方制度編纂委員が作成し、閣議の決定を経た「地方制度編纂綱領」を知事たちに提示した際、この「綱領」を見た知事たちは、これを連合制の廃止、単独町村戸長制の復活を意味するものと解釈し、事態が一七年改革以前の行政の混乱状況に逆戻りしてしまうことへの懸念を表明した[113]。すでに無意味で空虚な空間に覆い尽くされた「地方」の現実を知る地方官たちは、「自治」の思想の前提が存在しないことを鋭く指摘したのである。

しかし、政府の採った方策は町村の復活ではなかった。政府は、この会議において、「町村合併標準[114]」を知事たちに提示し、原則三〇〇戸をもって一町村とするよう合併をおこなうことを宣言したのである。

モッセがいかに町村の復活を説こうと、近世来の町村を「自治体」とすることが不可能であることは、これまでの日本の経験を知る日本側委員には明らかであっただろう。それでも「自治」の効用に魅力を感じたとき、政府が採ったのは、連合ではなく合併によって、「自治体」を創り出してしまうという選択だった。

こうして、「連合」という誰の目にも明らかに無意味で空虚な空間が「自治体」たりえないことを糊塗《こと》するために、「合併」という飛躍が敢行されることになったのである。

日本側の地方制度編纂委員とモッセとのあいだの町村観の差異を検討した坂井雄吉氏は、モッセにおいて町村とは「なお政治と経済、権力と所有の未分離を前提とした一つの『政治社会』であり、ここにはモッセの「アリストクラシーないし身分制的な政治観」が反映しているのに対し、日本側委員にはこのような観点は共有されておらず、「日本はすでに早くデモクラシーの国であったともいえよう」と述べている。[115] 一般に、町村制を含む明治国家の地方自治制は、ドイツの制度の輸入模倣であったといわれる。しかし、事態はそのように単純ではないのである。モッセは日本の町村に「自治体」たるべきものとしての期待を持っていたのであるが、日本の現実はそれを許さなかった。その結果が、「合併による自治体の創出」という、モッセ本来の構想からすれば形容矛盾ともいうべき選択だったのである。

また、町村連合から町村合併へ、という結果を知るわたしたちには、合併のほうが連合より一歩進んだ、ラディカルな改革である、と考えがちである。これもやはり簡単にそうとは言えない。無意味で空虚な空間に世界が覆い尽くされていくという過程の進行という観点から見るならば、連合は、誰の目にも無意味な区画が行政の遂行主体となるという点において、合併によってその無意味さを糊塗するよりはラディカルであるとも言えるのである。たとえば、明治二二（一八八九）年一二月、内務大臣山県有朋の名前で出された訓令は、町村は「春風和気子を育し孫を長ずるの地」であるべきだとしている[116]。穏やかな春の風のように、矛盾がなく平和に子孫が育つ土地。この言葉と、一七年改革の際の、白根専一の、これまでとても別に富裕な者は貧しい者のために進んで負担をしてきたわけではない、という発言をくらべるとき、いずれがラディカルな立場かは明らかであろう。

2　合併の遂行

合併の手続き

明治二一（一八八八）年四月二五日、法律第一号「市制町村制」が公布、翌明治二二（一八八九）年四月一日に施行されることが決定した。つづいて六月一三日、内務大臣訓令第三五二号によって町村合併の基準が正式に通達される。それは、およそ戸数三〇〇〜五〇〇戸を「標準」として合併をおこなうこと、合併に際しては、従来の習慣、町村の希望に配慮しつつ、連合戸長役場の管轄区域をそのまま合併してさしつかえのないものはそのまま合併することを、府県知事に指示したものであった[117]。

これを受けて、各府県で町村合併へ向けた作業が開始される。

町村合併の範囲は、府県庁が一方的に決定したわけではない。むしろ、地元の意見を聞きながら丁寧に進められたといってもよい。

多くの府県で、作業の中心となったのは郡長である。たとえば、新潟県では、郡長が郡内の町村の合併計画案を作り、これを県庁内の「市町村制実施取調委員会」（書記官、収税長、警部長など一八名の県庁官吏から構成される）が査定して、郡長に再度諮問、郡長はこの案を郡内の戸長諮問会にかけ、さらに町村総代の意見を聞き、見込案を県庁の取調委員会に答申、取調委員会の実地調査を経て、支障がないと認めればこれが最終案となる。県庁・郡長・戸長・町村の往復を経て最終案が決定されるのである。[118]

千葉県では、郡長が戸長、町村総代など関係者を召集して意見を聴取、それを参考に合併見込案を作成し、あらためて関係町村に諮問し、合併区域を決定している。[119]

埼玉県では、まず郡長が、郡内の一部の「老練」な戸長（実務経験の豊富な戸長、という意味であろう）と相談して合併案を決定し、それを戸長に諮問したうえで、各町村の議員・惣代人に諮問して合併区域を決定するという手続きがとられている。[120]

つまり、いずれの府県でも、郡長が町村の意見を聴取しながら合併案をまとめていったのである。

町村の側から見た、合併に至る経過を、静岡県佐野《さの》郡細谷《ほそや》村ほか七ヵ村連合戸長役場の場合を例にとって紹介しておこう。[121]

明治二一（一八八八）年七月二一日、郡役所に郡内の戸長が集められ、「町村分合標準」が通達される。八月三日、細谷村ほか七ヵ村の連合戸長役場に各村の惣代が集合し、戸長は八月一〇日までに各村の意見提出をもとめた。ところが、提出された各村の意見はまちまちであった。八月一七日、戸長が郡長に提出した意見書によれば、次のような意見が出たという。

①町村制の施行延期を請願する。
②町村組合（合併ではなく、複数の町村が事務を共同して取り扱う組織）を設置する。
③現在の連合戸長役場区域八ヵ村（細谷村、本郷《ほんごう》村、幡鎌《はたかま》村、西山《にしやま》村、吉岡《よしおか》村、高田《たかだ》村、富部《とんべ》村、黒田《くろだ》村）を合併して一村とする。
④現在の連合戸長役場区域八ヵ村から、黒田村を除いた七ヵ村を合併して一村とする。
⑤現在の連合戸長役場区域八ヵ村から、富部村・黒田村を除き、各和《かくわ》村を加えた七ヵ村を合併して一村とする。
⑥現在の連合戸長役場区域八ヵ村から、富部村・黒田村を除いた六ヵ村を合併して一村とする。
⑦現在の連合戸長役場区域八ヵ村から、富部村・黒田村を除いた六ヵ村に、寺島《てらしま》村の南部を加えて一村とする。

戸長自身の意見は⑦であり、それが、自然の地形にも一致し、「人情風俗」も一致している範囲である、と主張している。

八月一八日、郡長の巡回があり、郡長から各村総代に諮問がおこなわれた。各村ともおおむね戸長の意見である⑦の案を支持し、この線での合併協議が開始される。ところが、九月上旬になって、吉岡、高田、各和の三ヵ村が、⑦案に各和村を加えるよう要求したところ、各和村の加入に反対する四ヵ村（細谷、本郷、西山、幡鎌）は、この四ヵ村だけの合併を主張し、結局九月二一日になって四ヵ村の合併で合意が成立する。

以上の経緯から見えてくることは、県庁や郡長が丁寧に地元の意見をすくいあげて合併案を作ろうとしたとしても、かならずしも地元の意見がひとつの合併案にまとまるとはかぎらない、ということである。

A、B、C、D、Eの五ヵ村があり、AがABCの三ヵ村での合併を、BがABCD四ヵ村での合併を、CDEがABCDE五ヵ村での合併を望むとき、どれが「民意」であるのかを決定することは困難だ。それでもこの細谷村ほか七ヵ村のケースでは、地元の話し合いで結論を出すことができたわけだが、もし折り合いがつかなければどうなるのか。こうして、町村合併をめぐる紛争が各地で発生することになるのである。

紛争の発生

町村合併をめぐる紛争は、合併範囲が諮問された際の、関係町村からの異議申し立てとしてはじまる。

こうした紛争は、明治一七（一八八四）年の連合戸長役場制の導入の際には、町村合併の際ほど多く記録されていない。また、政府の方針が、特に問題がなければ連合戸長役場の管轄範囲をそのまま合併して新町村の範囲とするというものであったにもかかわらず、実際には連合戸長役場管轄範囲が組み替えられて新町村となる場合が多数であった（たとえば埼玉県では、一九〇八町村・三二七戸長役場が、三三五町村に編成されたが、このうち連合戸長役場管轄区域と一致するもの一〇一町村、一致しないものが二三四町村である）[122]。奈良県のケースを検討した井岡康時氏は、全二〇八戸長役場のうち、そのまま合併町村となったものは五七であり、残りでは何らかの組み換えがおこなわれたこと、また戸長役場がそのまま移行した場合には合併に対する異議申し立てが少ないのに対し、組み換えに関しては異議申し立てが多数生じている、と全体の傾向を整理している[123]。つまり、合併に際して異議申し立てがあり、それが一七年の連合戸長役場の範囲と、合併町村の範囲のずれとしてあらわれるのである。

なぜ明治一七年と異なり、明治二一年の合併では異議申し立てが続出するのであろうか。理由はいくつか考えられる。ひとつは、「連合」と「合併」のあいだには旧町村の自立性の程度において大きな差がある、と考えられたことである。『新潟新聞』の記事（明治二二〈一八八九〉年四月一〇日）は、四月一日の町村制施行後も不服を唱えるものが多く、それは、当初住民たちは、新町村のことを連合戸長役場同様「一時の行政区画」と考えていたのに対し、しだいに町村制に対する理解が進んで「自治制の精神」を理解するようになり、合併が「永久重大」な影響をおよぼすものであると悟ったからである、と述べている[124]。町村制の精神を理解すればするほど合併に係る紛争が頻発するという皮肉な事態があったのである。

もうひとつは、そもそも一七年改革の時には、府県庁が町村の組み合わせについて各町村の意見を聴取していない、ということである。なぜ一七年改革において意見を聴取せず、合併において意見を聴取する方針を採ったか、といえば、それは前者があくまで便宜的な行政区画の設定という措置としておこなわれたのに対し、後者が、「自治体」という、住民にとって切実な意味のある区画の創出という建て前をとったからである。異議を申し立てる余地なく一方的に決定されれば結果を受容する住民たちも、県庁・郡長からの諮問があればそれぞれの立場を主張するのは当然であろう。

両者を併せて考えるならば、「自治体」としての町村を合併によって創出するという、そもそも無理のある構想こそが、合併をめぐる紛争を頻発させた原因であった、といえよう。

合併案が特定の町村からの反対に直面する理由はどのようなものであっただろうか。一例として愛知県渥美郡《あつみ》宇津江村《うづえ》(現在の愛知県田原市《たはら》の一部)が、八王子村《はちおうじ》・江比間村《えひま》との合併の拒否を主張した明治二一(一八八八)年一〇月二四日付の文書を見てみよう[125]。そのなかで宇津江村は、両村との合併に反対する理由を四点挙げている。第一に、宇津江村は小村ではあるが「資力」に富んでおり、独立村として存続することが可能である。第二に、宇津江村と江比間村とのあいだには入会地をめぐる紛争が江戸時代以来つづいており、両村の住民のあいだには深い敵意が存在している。第三に、宇津江村が主として漁村であるのに対し、八王子村・江比間村は農村である。もし合併すれば、宇津江村が面している海で漁業をする権利を、八王子村・江比間村の住民も享受できることになり、宇津江村住民の漁業からの収益が失われる。第四に、八王子・江比間両村の人間の気質は「軽佻浮薄《けいちょうふはく》」であるのに対し、宇津江村の住民は「質直《しっちょく》淳朴《じゅんぼく》」である。

また、埼玉県下の合併に関する異議申し立てを研究した佐藤政憲氏は、異議申し立ての根拠を「不便・不利益」「旧縁」(中世ないし江戸時代からの関係)、「財政力」「地勢」「畑方・田方・町方・村方」(一方が畑中心の村であるのに対し一方が水田中心の村である、または一方が都市化しているのに一方が農村である)、「自立資格・伝統」、「民情」「用悪水路」「道路・交通」に分類している。[126]

要するにさまざまな理由で異議申し立てがおこなわれたのであるが、問題はこうした主張にはだれもが納得する客観的な根拠を求めることは難しい、ということであった。「民情」にせよ「用悪水路」(A村とB村は用水路を共有しているから合併できるが、A村とC村は共有していないので合併できない)にせよ、そこに一定の合理性があるならば、それぞれの村は合意に達して、県庁もその合意を尊重することになるだろう。しかしそれぞれの主張に客観性を認めることが難しいから、各村の意見はまちまちになり、合意の形成が困難となるのである。

こうした問題に直面した埼玉県比企郡・横見《よこみ》郡の郡長鈴木庸行は、明治二一年一一月二九日、県庁に対して次のようにその苦境を訴えている。[127]

彼レニ利アレハ是レニ弊アルハ事物ノ免レサル処ニシテ、其中正ヲ求ムル殆ント難シ、況《いわ》ンヤ民意ノ常態、自説ヲ無上ノ卓見ヲ信シ、反対ノ説アレハ益自論ヲ固執シ、累層敵意ヲ深カラシムルノ傾キナキニアラサルニ於ルヲヤ

一方にメリットがあればもう一方にデメリットがあるのはものごとの必然的ななりゆきであって、そこに最適解を求めることはほとんど不可能である。しかし、人びとは自分の説が最良の説であると信じ、反対論が出ればますます自説に固執して、敵意が敵意を呼ぶ悪循環に陥ってしまう。このように鈴木郡長は訴えているのである。

これに対する県庁の対応は、再度町村の意見を聞いたうえで、意見がまとまらなければ郡長の見解を最終案として県庁に報告せよ、というものであった。そして、最終的には、県庁が一方的に裁断を下し、合併の組み合わせを決定したのである。

以上、合併をめぐる紛争の構造を整理すれば以下のようになるだろう。町村合併に臨む県庁の態度は慎重であり、連合戸長役場管轄区域での合併を基本としつつ、町村の代表者たちの意見を聞きながら合併案を作ることを意図していた。そして、実際の合併案の作成過程においても、関係各町村の合意が成立した場合は、それが当初県庁ないし郡長が作成した案と異なっていても受け入れられた。「自治」の主体を創出するための町村合併には、住民の意思は最大限反映されたのである。しかし、このような手続き的慎重さは、関係各村相互の意見の相違が発生することまで防ぐことはできない。

そのような場合には郡長が、そして最終的には府県知事が、合併区域を一方的に決定した。

つまり、実際の地域の実情に、どれだけ配慮しようとしたとしても、合理的な合併の範囲がひとつに定まるわけではないのである。第一章で見たとおり、近世の村々の連合体＝組合村の村の組み合わせが、課題ごとに（用水、治水、助郷《すけごう》、対領主等々）異なっていたことを想起するならば、村々の組み合わせがひとつの結果に収斂することはあり得ないのは当然である。

結局、行政村は、恣意的に切り取られた一定の地理的空間として成立するよりほかない。この点において、一七年改革において恣意的に決定された連合戸長役場の管轄範囲と、本質的に異なったものではなかったのである。それがいかに国家の基礎となる「自治体」としての夢を託されていたとしても。

モジュール化としての町村合併

もうひとつ、町村制の施行過程で注目しておきたいのは、法令の解釈や運用をめぐる細々《こまごま》とした問い合わせと回答が、内務省と各地の府県庁、各府県庁と各郡役所のあいだで膨大にやりとりされていることである。そして問い合わせと回答を通じて確定された法令解釈は、各地の府県庁どうしで共有された。

たとえば、新潟県は宮城県に、宮城県が町村制の実施について内務省に問い合わせた結果があれば新潟県へも知らせてほしい、と依頼を出しており、これをうけて、明治二一（一八八八）年七月七日、宮城県は新潟県に内務省から得られた回答の写しをまとめて送っている[128]。また、明治二二（一八八九）年六月二五日、茨城県は町村制第二九条にある「選挙の日より七日以内」という規定について、一級選挙と二級選挙を別の日におこなった場合、起算の日はそれぞれの投票日になるのかという問い合わせを内務省におこない、七月二五日に内務省から、そのとおりであるという回答を得ているが、このやりとりは新潟県の行政文書のなかに残されている[129]。

つまり、各県庁は、それぞれの法解釈や法令の運用がまちまちにならないよう、情報を共有しながら、細心の注意をはらって合併と町村制の施行をすすめたわけである。当然と思われるかもしれないが、明治維新以来、地方制度のあり方、特に町村レベルの制度運用が府県ごとにまちまちであったことを考えるならば、これは大きな変化であるということができる。このようなことがおこなわれるということは、合併によってつくられる町村というものが一定の斉一性を持っていなければならない、と当局者によって考えられていたことを示す。

そこに現れているのは、合併によってつくられた町村という単位が、恣意的な境界線によってつくられた恣意的で空虚な単位であればこそ、その境界の両側でおこなわれる行政は均質なものでなければならない、という論理である。無境界的な社会を背景に同心円状の単位をつくりだすためには、こうした相互のすり合わせが必要であった。町村制の看板である「自治」とは、それぞれの町村に個性を発揮させるようなことを意味していたのではまったくないのである。

3　行政村と大字

抵抗する村

明治二二（一八八九）年の合併は、すべての問題の終着点であったわけではない。合併後も紛争をかかえる村や、合併への抵抗をつづける村が存在した。そのなかで、長期間にわたって問題が継続した例として、埼玉県大里《おおさと》郡石原《いしはら》村のケースがある。[130]

荒川左岸に位置し、熊谷の町と隣接する石原村は、江戸時代の後期、文政四（一八二一）年以来、上石・下石の二つの地区に分かれており、それぞれに名主が置かれていた。こうした二つの地区に分離されたのは、上石が純然たる農村であったのに対し、熊谷宿に隣接する下石は市街地化が進み、二つの地区の性格が異なっていたことによる。

明治二一（一八八八）年、町村合併に際し石原村は、合併せずに単独村として独立を維持することを決定した。これに対して郡長は、石原村を二つに分け、下石を熊谷宿に、上石を別の村と合併という案を提案するが、石原村はこれを拒否する。結局、県庁は石原村全体を熊谷宿・箱田《はこだ》村と合併するという判断を下す。

石原村は、熊谷宿とのあいだで「規約書」を結ぶことをこの合併の条件とした。その「規約書」の内容は、石原、熊谷の双方で町会議員の数を同数とすることを中心的内容とする。つまり、石原村の利害があらたに成立する熊谷町の町会でじゅうぶんに反映されることの保証を求めたわけである。ところが、明治二二（一八八九）年二月二二日、郡長はこうした規約の内容は法律に抵触し、条例化することができないと伝達した。これによって石原村は合併拒否を決めるが、県庁は同年三月、合併を強行してしまう。

これをうけて旧石原村住民は、三月三〇日、東京控訴院に合併取り消しを求める訴訟を起こすが、六月二二日、住民側敗訴の判決が出る。判決後も旧石原村民は、町税の納入を拒否したり、国税・地方税も町役場を経由せず直納したり、石原選出町会議員が町会に出席することを拒否したりするなど、不服従の運動を継続する。

実態が解決するのは、合併から一〇年後、明治三二（一八九九）年のことである。この年、熊谷、上石、下石の三地区のあいだで協定書が結ばれ、上石地区に助役を置くことなど、上石への行政運営上の配慮をすること、町会議員の選出人数をあらかじめ各地区ごとに定めることなどがとりきめられた。これによって旧石原村民は、熊谷町への合併を受け入れることになったのである。

以上の経緯を見ると、当初から問題の焦点は、熊谷と石原のあいだで、町会議員の割り振りを中心とする協定が成立するかどうかにあったことがわかる。町村制施行時にそれが成立しなかったのは、石原がそれを正式の条例とすることにこだわり、そうした協定の条例化が、郡役所によって認められなかったからである。一〇年を経て、それは、条例ではなく非公式の協定というかたちで実現し、事態は収束する。

　つまり、合併によって生まれた町村は、旧村の存在を否定し、その機能を全面的に吸収してしまうことによって安定化するのではない。新町村は、旧村の存在を前提としており、新町村の安定は、新町村と旧村のあいだにどのような関係が作られるか、にかかっていたのである。

行政村の機構と大字

　合併によって生まれた新しい村のことを、研究上は「行政村」と呼ぶ。行政村の長は村長であり、村の行政機構、すなわち村役場は、助役、収入役、書記などから構成される。このうち、村長と助役は名誉職であることは、章の初めで述べたとおりである。助役以下の役場吏員はそれぞれの事務を分担する。たとえば、明治二二年四月三日、埼玉県南埼玉郡潮止《しおどめ》村（現在の埼玉県八潮《やしお》市）の役場が発足した際の事務の分担は、助役の高橋儀助が勧業、衛生、教育、書記の芦葉清一郎が収税、おなじく書記の白倉重栄が庶務、戸籍、兵事、会議（村会）、収入役が収入、支出、会計事務を主として担当する、と定められている[131]。

　行政村に対し、合併前の旧村は、「大字《おおあざ》」という単位となって存続する。町村制第六四条には、町村の区域が広域である場合、便宜的に「区」という単位を町村内に設けることが可能である、という規定がある。大字はこの町村制に規定される「区」となる場合もある。区には区長が置かれるが、注意すべき点は、区長はあくまで村長を補佐する行政村の役職であるというのが建て前で、大字の代表ではないことである。そのため区長も名誉職であり、町村長の「機関」としてその「指揮命令」を受ける（町村制第七三条）。

また、町村制には「常設委員」という役職の規定もある（第六五条）。常設委員とは「町村行政事務の一部を分掌」（第七四条）するものであるが、これが大字単位に置かれ、行政村と大字のあいだを媒介することもあった。

町村制に規定のあるこうした役職のほか、村が独自に役職を設定することもある。たとえば、潮止村では、「伝令」という役職が設置されている。伝令は、法令や連絡を村民に周知するための役職で、一五戸にひとつの「伝令組合」が作られ、その組合ごとに一人の伝令が選ばれる。村長は連絡事項がある場合は伝令に直接文書または口頭でそれをつたえ、伝令も文書または口頭で組合内に連絡を回す。いわば「連絡網」である。「伝令組合」は大字より小さな単位の組織であるが、伝令の選出と村役場への届け出は大字単位でおこなわれている。なお、伝令も名誉職であり、過失があった場合は村会によって責任を問われる[132]。

このように、行政村は大字の存在を否定するのではなく、それを機構のなかに組み込むことによって成り立っていた。

このことは、政府当局者や府県庁にとっても当然のこととして受け止められていた。

たとえば、明治二四〜二五（一八九一〜一八九二）年ごろの福井県内の町村の状況について、牧野《まきの》伸顕《のぶあき》県知事と各郡長との会議の記録がのこされている。このなかで、坂井《さかい》郡の郡長が、郡内の状況について、町村の行政は旧町村、すなわち大字が執行しており、町村長よりも区長の事務量の方が多い、と報告したのに対して、知事は、町村行政事務とは「土木、教育、勧業等」のことをさすのであって、これらは町村会で予算を議決しているのではないかと質問している。これに対し坂井郡長は、こうした事務はたしかに町村会で議決するが、用水の管理、道路の草取り、害虫駆除などが大字独自の財政でおこなわれている、と答えた。坂井郡長はこうした事務が行政村の外でおこなわれていることを問題視しているのであるが、知事は、それはむしろ反対から見れば「便利」であって、すべての事務を町村行政が網羅することは不可能だ、と述べ、ほかの郡長も知事の意見に同意している。[133] つまり、行政村と大字のあいだに分業関係があることは、多くの当局者にとって当然視されているのである。

行政村——大字関係の安定

それでは、行政村と大字の関係は当初からどこでも安定したものであったのだろうかといえば、それは必ずしもそうではない。

従来の研究によって明らかにされた著名な例としては、長野県埴科《はにしな》郡五加《ごか》村（現在の千曲《ちくま》市の一部）の場合がある。[134]

五加村はその名のとおり、五つの村（千本柳《せんぼんやなぎ》、中《なか》、小船山《こぶねやま》、内川《うちかわ》、上徳間《かみとくま》）が合併して成立した村である。この五ヵ村は当初いずれも単独で町村制下の村となることを希望していたが、県庁は五ヵ村合併をすすめ、内川、上徳間の二ヵ村が最後まで合併に反対したにもかかわらず、強制合併をおこなった。

こうした成立経緯もあって、当初五加村の行財政は不安定であった。行政村の財政規模は小さいもので、その運営も大字単位で割拠主義的におこなわれていた。小学校については各大字に「派出所」が設けられ、土木費も各大字に分配されて執行される、といった具合である。こうした大字の割拠主義を背景に、明治二五（一八九二）年に村会議員選挙で紛争が発生する。有権者の少ない内川、上徳間の両大字の住民が、暴力をもちいてほかの三大字の有権者を選挙会場から締め出す、という事件が起きたのである。追い出された三大字は選挙取り消しを訴え、混乱のなかで役場吏員が全員辞任、上徳間、内川選出の村会議員も総退陣、という事態にいたる。

村長不在となった五加村に郡長は郡役所の吏員を村長代理として派遣するが、その後の村会議員補欠選挙も内川・上徳間両大字はボイコットし、役場機構は麻痺状態に陥る。ようやく、翌明治二六（一八九三）年三月になって、村会議員の配置を、上徳間・内川に各三名、千本柳・小船山・中に各二名とし、村長と助役はそれぞれのグループから一名ずつ出すという協定がむすばれ、紛争は一応の収束をする。

このように不安定で弱体であった行政村五加村の位置づけが大きく変わってくるのは、日清戦争（明治二七～二八〈一八九四～一八九五〉年）の後の時期である。村の財政規模はいちじるしい膨張傾向に転じ、税負担についても、これまで大字ごとにまちまちであったものが、行政村全体で統一の基準で公平におこなわれるようになる。それまでは頻繁に交代していた村長の在任期間も安定し、村議選挙での紛争もなくなる。つまり、日清戦争後の時期に行政村五加村は、この地域に定着したということができるのである。

安定した五加村を支えているのは、大字のあいだでの村会議員数の割り振りである。これは、合併そのものの受け入れをめぐって紛糾した埼玉県大里郡旧石原村が、最終的に熊谷町への合併を承認するのとおなじ構図である。行政村の安定とは、大字どうしの関係の安定化をその条件としていた。

行政村が、どの時期に「安定」を見せるかという問題はその村によってまちまちである。五加村のように初期に紛糾をくりかえしたり、石原村のように合併そのものを拒否しつづける村もある一方で、当初から比較的安定した運営がなされていた村もある。

そうした事例として、ここでは静岡県駿東《すんとう》郡金岡《かなおか》村（現在の静岡県沼津市の一部）のケースを挙げておこう。金岡村は、岡一色《おかいっしき》、岡宮《おかのみや》、東熊堂《ひがしくまんどう》、西熊堂《にしくまんどう》、西沢田《にしさわだ》、中沢田《なかさわだ》、東沢田《ひがしさわだ》、沢田《さわだ》新田《しんでん》という八つの村の合併によってできあがった行政村であり、この八ヵ村がそれぞれ合併後は大字を形成した。合併区域の決定はスムーズであった。この八ヵ村は「大区小区制」の時代、明治七（一八七四）年から、共同でひとつの事務処理の単位となっていたことがあり、この経験が合併時に生きたものと思われる。[135]

合併後の村長、助役の地位も安定していた。大字東沢田出身の江藤浩蔵が、明治二二（一八八九）年から明治三四（一九〇一）年まで一二年にわたり村長の地位にあった。[136] 助役も、明治期を通じて四年から八年にわたって在職している。助役は、町村制の原則では名誉職であるが、金岡村では当初、県の許可を得て助役を有給とする条例を定めている。のち明治二七(一八九四)年にこの条例を廃止して助役を名誉職としたのち、さらに明治三九(一九〇六)年ふたたび条例を制定して有給としている。これは助役就任者の経済状態を勘案してのものであったと考えられる[137](明治三九年の再度の有給化の際に助役に就任した人物は村内で富裕層に位置する人物ではなかった[138])。このように、村長・助役レベルの執行体制は金岡村では合併後すみやかに安定したものとなった。

では、行政村と大字の関係はどうであろうか。金岡村で実質的な大字の代表となったのは常設委員である。しかし、建て前として常設委員は、行政村の役職であって大字の代表ではない。興味深いのは、常設委員の位置づけをめぐって、村役場と郡役所のあいだでやりとりがおこなわれていることである。当初、金岡村では、常設委員の設置を定めた条例のなかに、大字を各常設委員の「受持区域」として規定しようとした。これに対して郡役所側は、一村としての実を挙げる点において好ましくない、と指摘し、同時に、たとえ明文を掲げずともそのような「精神」をもって選挙・事務担当をおこなえば不都合はない、と示唆している。また、「受持区域」内のことについて町村長に意見を述べることを職掌に含むことについても難色を示し、こうしたことは「徳義上」申し出る分にはさしつかえがないが、明文化することは問題であるとの認識を示した[139]。つまり、郡役所側は、常設委員が実質的な大字代表として機能することにはじゅうぶんな理解を示しつつ、あくまで原則としては常設委員が行政村の役職であることを強調したのである。

その結果制定された金岡村の「常設委員に関する条例」[140]では、常設委員の定員は大字数と同じ八名とされたが、受持区域の範囲は規定されなかった。その職掌としては、土木に関すること、勧業に関すること、「受持区域」内の営造物・財産管理、「職務に関する利害」についての意見陳述が規定されている。

また、明治二六（一八九三）年に制定された「駿東郡金岡村各大字共有財産管理規程」[141]は、各大字が所有する共有財産の管理に、行政村がどのようにかかわるのかが規定されている。それによれば各大字の財産は常設委員が管理するが、その売却や支出などに関しては村会の議決が必要とされていた。災害時に大字構成員が困難に直面した場合も、大字財産は村会の決議を経ないかぎり売却・譲与・質入・支出することはできない、と規程には記されている。

このように大字は常設委員を媒介として行政村に結びつけられていた。明治中期の金岡村の行政は、大字を「受持区域」とする常設委員を、行政村の役職として設定することによって支えられていたのである。

こうした行政村と大字の関係は、大阪府豊島《てしま》郡萱野《かやの》村の運営のあり方を明らかにした住友陽文氏の研究によっても明らかにされている[142]。萱野村では、道路建設にあたって、幅一間（約一・八メートル）以上の道路が行政村の財政負担、それ以下は大字負担とされているように、行政村と大字のあいだには分業関係が成立していた。したがって大字の運営は行政村の運営と密接な関係を持っていたが、当初萱野村では、大字には「大字総代」ないし「人民総代」という役職が置かれただけで、行政村に対する行政責任が明確ではなかった。そのため萱野村では、村役場の役職であり、常設委員ないし区長を大字単位に設置することがくりかえし課題となり、明治三四（一九〇一）年に、区長の設置が実現する。

ここで見られる行政村と大字の関係は、いわば、行政村と大字が、それぞれ同心円のひとつであるような関係である。両者のあいだには分業関係があるが、それは「道幅一間」というような、恣意的で切実な意味を持たない基準によって分割された行政である。両者が担う行政には共通性があり、それゆえ行政村の吏員と大字の役員とに要請される職務規律や責任観念は同種のものであり、大字役員を行政村の執行体制のなかに位置づけていくことが要請されるのである。

行政村が安定するためには、大字を排除するのではなく、大字をその下部機構に取り込むことが必要であった。しかしそのことは、行政村とは、近世以来つづく大字という結合の上にのった、単なる「かざり」にすぎないということでは決してない。行政村の機構の一部となった大字は、かつての近世村とは、社会のなかでの位置づけが大きく異なっている。

もちろん、大字は人びとにとって身近な集団でありつづけるだろう。用水の管理や山林の管理が、江戸時代と同じような習慣にもとづいて、大字のなかでおこなわれることも少なくないであろう。人びとの主観にとって大字の役割は、江戸時代の村の役割と大きく変わらなかったかもしれない。人びとにとって大字がもっとも身近な団体であるということによって、人びとは、大字という団体は、行政村や郡役所、ましてや府県庁や政府とは切り離された別の領域に属しているように感じたかもしれない。

しかし、身分制的な社会のあり方、つまりモザイク状の世界が壊され、同心円状に整序された世界のなかに置かれた大字は、もはやかつてのような「地縁的・職業的身分共同体」ではありえない。個々の個別利害の追求者がネットワーク状に結びつく市場経済によって人びとの生活が支えられるような社会において、大字もまた、個別利害の追求者たちを便宜的に束ね、その共通の利害を処理する単位に変化していくのである。

行政村—大字関係の安定とは、行政村と大字が、それぞれ、無境界的な背景に引かれたいくつかの同心円のひとつになってゆくことであり、そこで大字は、それが近世の人びとにとって持っていたような、切実な意味をもはや失っているのである。

むすび　境界的暴力と無境界的暴力

同心円状の世界と「中央―地方関係」

かくして町村合併は成し遂げられ、ひとつの新しい秩序が生まれた。それは、日本という国家―府県―市町村―大字、という行政区画の重層としてあらわれる（農村部では府県と町村のあいだに郡がはさまる）。

この秩序は、第一に、同心円的な性格を持つ。ある一人の個人から見れば、その個人は日本国民（臣民）であり、府県の住民であり、市町村の住民であり、大字の住民である。地理的範囲の大小に応じ、人はそうした同心円に重層的に所属する。

第二に、その同心円にある個人が所属するかどうかは、地図上に明確に引かれた線によって機械的に決定される。その個人がいかなる職業を営み、いかなる手段によって生活しているかということに対して、地図上の線は無関心である。かつて近世社会において、「村」が「百姓」という身分に規定された社会集団であり、「町」が「町人」という身分に規定された社会集団であったことと、それは大きく異なっている。

第三に、同心円はそのおのおののレベルに応じて固有の特性を持つと同時に、それらをつらぬく共通の性格を持つ。たとえば、日本一国レベルには帝国議会があり、府県には府県会があり、市町村には市町村会がある。いずれのレベルでも選挙によって選ばれる議員がいて、その予算を審議するのである。そして、それぞれのレベルにおいては、たがいに境界を接する単位は、基本的に同一のシステムによって成り立っている。A村とB村の議員の選ばれ方は「町村制」という全国法令によって規定されており、基本的には同一の方法で選挙がおこなわれる。その方法に食い違いがないように、町村制の施行にあたって周到な準備とすり合わせがなされたことは、前章で見たとおりである。それぞれの同心円は、モジュール化されているのである。

今日、政治学者や行政学者たちは、こうした秩序を、「中央—地方関係」という言葉で表現する。本書がたどってきた明治前期の新しい秩序の形成過程は、いわば、「中央—地方関係」というものが誕生するプロセスであった、ということができるだろう。注意しなくてはいけないのは、「中央—地方関係」なるものが、超歴史的に、太古の昔から存在するわけではない、ということだ。幕府と藩の関係は、政府と府県の関係とはまったく別の性格のものだ。それは一定の歴史の所産であり、モザイク状の世界が同心円状の世界に作り替えられたときにあらわれる、政治権力の相互関係のことなのである。

「中央—地方関係」は、「中央集権」か「地方分権」という選択肢が問題になる文脈において、しばしば議論の対象となる。そして、近代日本のシステムが「中央集権」的であり、そうしたものにかわる「地方分権」的システムの構築がより望ましいものである、という議論の仕方はわたしたちになじみの深いものだ。このような議論が不必要であるというつもりはない。しかし、歴史的な視点から見るならば、こうした問いだけに問題を限定してしまうことは、「中央集権」も「地方分権」も、「中央—地方関係」というひとつの歴史的所産のうえに立脚している、という事実を忘れてしまうことになる。重要なのは、「中央」と「地方」に、分けたり集めたりすることができる権力とはどのような権力なのか、ということである。そして、そうした権力を生み出す社会を、筆者はさしあたり「近代社会」と呼びたいと思う。

国民国家再考

しばしば、近代は国民国家の時代である、といわれることがある。「同心円状の世界」と国民国家の関係を整理してみよう。

イギリス帝国史の研究者である木畑洋一氏は、「国民国家」をつぎのように定義している。[143]

国民国家（ネイション・ステイト）とは、国境線に区切られた一定の領域から成る、主権を備えた国家で、その中に住む人々（ネイション＝国民）が国民的一体性の意識（ナショナル・アイデンティティ＝国民的アイデンティティ）を共有している国家のことをいう。

ポイントは、第一に国境線で区切られた明確な領域を持つこと、第二に、そこに住む人びとが何らかの一体性を持っていることである。ここまでで、明治期の日本が作り上げた「府県」や「町村」といったものと、共通性があることがわかるだろう。

フランス史家の西川長夫氏は、この木畑氏の定義をうけて、国民国家は以下の五つの特徴を備えているという[144]。

第一に、国民国家は国民主権と国家主権によって特徴づけられること。

第二に、国民国家には国家統合のためのさまざまな装置（議会、政府、軍隊、警察、等々といった支配・抑圧装置、家族、学校、ジャーナリズム、宗教、等々といったイデオロギー装置）、国民統合のための強力なイデオロギーを必要とすること。

第三に、国民国家は、他の国民国家との関連において存在するのであって、単独では存在しえないこと。

第四に、国民国家による解放は抑圧を、平等は格差を、統合は排除を、普遍的な原理（文明）は個別的な主張（文化）を伴うというように、国民国家は本来矛盾的な存在であること。

第五に、国民国家を形作るさまざまな要素は、他の国民国家から取り入れ可能であり、別の国民国家に移植可能な、「モジュール」としての性格を持っていること。たとえば明治の日本が、分野に応じて、ドイツ、イギリス、フランス、アメリカといった諸外国をモデルとして、それぞれのシステムを輸入することが可能だったのは、こうしたモジュール性ゆえである。

こうした国民国家の特徴に注目する歴史研究は、日本では一九九〇年代に盛んにおこなわれた。とくに注目されたのは、西川氏の指摘する第二の特徴、国民国家の統合装置とイデオロギーの研究である。現在の人びとは、つい、「日本」や「フランス」といったひとつのまとまりが、遠い昔から存在していたように考えがちであるが、それは近代国民国家が創り出した幻想である。人びとは、教育やメディアを通じてそのような意識を身につけさせられるのである。そのような意識を持つことによって、ナショナリズムというイデオロギーに人びとは熱狂し、ついにはそのために命を投げ出し、戦争にまで駆り立てられてゆく。研究者たちはそのように論じた。

こうした研究潮流が問題にしていたのは、本書の用語で言えば、「境界的暴力」の問題である。明確な境界を持つ国民国家が、その外部と内部を区別し、外部の「やつら」に対して、内部の「われわれ」を一致団結させる。それにしたがわないものには暴力的な制裁が加えられる。しかし、そうした「われわれ」の一致団結は、それ自体が歴史的に形成され、創り出されたものなのであって、イデオロギーにすぎない。そうしたイデオロギーにもとづく「境界的暴力」を、根拠なきものとして拒否する姿勢が、これらの研究に通底する含意であった。

これらの研究は、国民国家の存在を自明視していた人びとに対して、それが人工物、それも近代になってから作り出された人工物なのであって、太古の昔から存在していたわけではない、ということを暴露した点において大きな意義を持つものであった。

しかし、それだけでは、本書の視角からすれば不十分である。国民国家は、単独で存在しているのではなく、国民国家を同心円のひとつとする、複数の同心円によって成り立つ世界の秩序に支えられて存在しているからだ。
西川氏が挙げた国民国家の五つの特徴のうち、第二の特徴をのぞく四つは程度の差こそあれ、国民国家より小さい単位にも当てはまる。たとえば、三新法で生み出された「地方」＝府県は、選挙によって選ばれる代議制をそなえ（第一の特徴）、複数の府県は並列して存在し（第三の特徴）、「地方」全体の利益に従順でない人びとを抑圧し（第四の特徴）、相互の府県でおなじようなシステムが構築されるモジュール的な性格を持っていたこと（第五の特徴）。これらは本書の第三章、第四章で論じてきたことであった。

国民国家が人びとを熱狂させること、そのような熱狂が、虚偽のイデオロギーによって支えられていること。たしかにこれらは国民国家の目につく特徴であろう。しかし、国民国家を、国民国家のレベルだけで考えるのではなく、その下のレベルから積み上げられた重層的な同心円状の秩序の一階層として見るとき、より問題になってくるのは、こうした熱狂とイデオロギーではなく、ほかのレベルと国民国家が共有している、地味で罪のなさそうな特徴の方なのではないだろうか。

この点で興味深いのは、一九世紀のイギリスの歴史家エリック・ホブズボームのナショナリズム論である。[145] ホブズボームによれば、一九世紀のヨーロッパにおいて、ある集団が、国民国家を形成しうる「ネイション」であるかどうかという点について、人口や面積に「閾値《いきち》」があると考えられていた。国民国家を形成しうるのはすべてのエスニック集団ではなく、その集団がある一定の規模を持っていることが必要だった。したがって、ネイションの形成とは、より大きな国家からより小さな国家が「独立」していく過程ではなく、逆に、いくつもの小さな集団がひとつの「ネイション」という大きな集団にまとまってゆく過程であり、つまり国民国家の形成とは、世界を分割する単位の拡大の過程であると考えられていた。そして、いつかは全世界の統一に帰着すべき単位の拡大の次善の策として複数の国民国家からなる世界が存在する、とされていたのである。ホブズボームはこれを「自由主義ナショナリズムの古典的時代」と呼び、二〇世紀のナショナリズムと区別する。

したがって「自由主義ナショナリズムの古典的時代」において、思想家たちは、「ネイションと近隣のネイションとの間の違いに、隣接する二つの地方の違い以上のものを見いだすことができなかった」。しかし、彼らは国民国家の廃棄を言うことはできなかった。なぜなら、国民国家は、「財産の安全と契約を保障したから」である。「自由主義ナショナリズムの古典的時代」において、ネイションとは、本来無境界的な市場経済を、統一的に管理する政治主体の不在ゆえに、それぞれに持ち場にわかれて管理する単位でしかなかったのである。

ホブズボームのナショナリズム論の教えることは、本来、国民国家の人工性は自明視されていたのであって、人びとはそれを知らずに国民国家のイデオロギーに熱狂していたわけではない、ということである。

このように見てくると、国民国家が、まさに同心円状の近代社会における「同心円」のひとつであったことがよくわかる。その点において、国民国家と府県や市町村は共通する性格を持っている。市町村や府県が国家の不完全版なのではない。市町村や府県では国民国家の複数性や、その境界線の便宜性などが、よりあらわになる、ということなのである。国民国家を支えているのは、虚偽の熱狂ではなく、冷静で散文的な現実の必要性である。

国民国家の歴史的研究に大きな理論的影響をあたえた歴史学者、ベネディクト・アンダーソンは、ラテン・アメリカにおいて、ナショナリズムの単位となるのちの国民国家が、いずれも、スペインによる植民地支配の行政上の単位であったことに注目している。スペイン領のアメリカ人たちは、本国政府に抵抗するために、スペイン領アメリカ全域におよぶナショナリズムを生み出すことはできなかった。アンダーソンはその理由を「一八世紀後半における資本主義と技術の一般的発展水準、そしてスペイン帝国の行政的広がりとの相対的関係におけるスペイン資本主義と技術の『地方的』後進性を反映する」[146]とまとめている。つまり、人びとの結合の範囲が、スペイン本国政府が、「技術」上の問題から設定した行政区画に限定されていたため、ナショナリズムはそれ以上の広がりを持ちようがなかったのだということである。

問題は、そうした、便宜的単位にすぎず、ごく散文的で事務処理的なつまらない国民国家から、人がそれに命がけになってしまうような、あるいは人の命を奪ってしまうようななにか、つまり「境界的暴力」が生まれてしまうことだ。

虚偽のイデオロギーとしてのナショナリズムを指弾するだけではじゅうぶんではないのだ。ナショナリズムの虚偽性を暴いたとしても、ナショナリズムを支える秩序の本体を撃ちぬいたことにはならない。本来はごく散文的でつまらない、切実性を持たないはずの国民国家が、人びとに対して暴力をふるうのはなぜなのか。

地域統合と「補完性原理」

国民国家の暴力性に対するひとつの解答は、経済活動が国家単位でおこなわれていることによる説明だろう。

国内的には、経済活動における支配的アクター（古典的な用語を用いれば、「資本家階級」、ブルジョアジー）が、安定的な利潤の獲得を保証し、被支配的アクター（これも古典的表現によれば、「労働者階級」、プロレタリアート）の抵抗を抑えるための機関として国家を必要とする。

対外的には、それぞれの国家は、それぞれの国内市場の構造に対応する経済的利害を有し、それを守るために相互に対立的な関係に立つ（たとえば日本の政府は輸出産業である自動車産業を守る、アメリカは自国の産業である自動車産業を日本車との競争から守る、といった「国益」の衝突が生じる）。

今日、いわゆる経済のグローバル化、世界大の経済活動の緊密化がしばしば言われる。すなわち、経済活動における国境の無意味化である。もし、国民国家の暴力性が、いま見たような、経済的単位と国民国家の対応によって説明できるのであれば、経済のグローバル化はこうした国民国家の暴力性を低減させる方向に向かうはずである。しかし現実はそうではないのだ。

こうした観点から興味深いのは、戦後の世界政治に大きな刻印を残したヨーロッパ統合のプロジェクトの行方であろう。ヨーロッパ政治の研究者である遠藤乾氏は、かつて語られたヨーロッパ統合の物語、つまり、フランス、イギリス、ドイツといった国民国家が順次融解してゆき、やがて「ヨーロッパ合衆国」とも呼ぶべきひとつの国家が生まれるというシナリオは、結局のところ「国家ごっこ」に過ぎず、「ヨーロッパ憲法」というシンボルが二〇〇五年のフランス、オランダの国民投票によって否決されたことによって、「終焉」を迎えたという。[147] しかし、一方でEUは個別の政策分野では大きな力を持ちつづけ、加盟国である国民国家とEUのあいだには事実を積み重ねて獲得された重層的な統治体制がそれなりに強固に確立している。つまり、主権を持つ国民国家はたしかに強靭であるが、さりとてEUが全体として雲散霧消してしまったわけではないのである。EUはひとつの国家でもなければ、国際連合のような国際機関でもない、独自の政治体として生き延び、成熟しつつある、と言えるだろう。

　世界経済のグローバル化とヨーロッパ統合の関係について、遠藤氏は、ヨーロッパ統合が「グローバル化を飼いならす」という側面を持っていたことを指摘している。ヨーロッパ統合の旗振り役であり、その「中興の祖」とも呼ばれるジャック・ドロール欧州委員長（在任一九八五〜一九九五年）は、世界市場の拘束力を認識したからこそ、単一市場・通貨といったヨーロッパ大の資源の創造に向かった、というのである。市場・通貨統合は新自由主義的に進めるのは仕方がないが、それには社会的な連帯に向けた動きが必ず付随し、それをヨーロッパ経由で可能にする、というのが、フランス社会党出身のドロール委員長の戦略であった。つまり、ヨーロッパ統合とは、最初から、ヨーロッパ域内で完結する市場を念頭に置いたものではなく、世界市場の一部を覆う秩序、本書の言葉でいえば無境界的暴力からヨーロッパ諸国民を守る「傘」として構想されていたわけである。

こうしたヨーロッパ統合のプロジェクトを定式化したものが、一九九二年のマーストリヒト条約に記載された「補完性原理」と呼ばれるものである。

補完性原理とは、上位の政治権力は下位の政治権力ができないことのみをおこなう、という原理のことであり、より詳細に述べれば、「より大きな単位は、より小さな単位が自ら目的を達成できるときには、介入してはならない」（消極的補完性原理）という側面と、「大きい単位は、小さな単位が自ら目的を達成できないときには、介入しなければならない」（積極的補完性原理）という二つの側面を併せ持つものである。この原理によって、EUは、加盟国が、自身では「実行できない」ことのみを引き受け、また加盟国が何らかの必要とされる目的を「実行できない」とみなされた場合にはこれに介入する権限を持つことになる。

この補完性原理の世界では、どの単位も絶対化することは許されない。つまり、EUのような超国家的単位も、国民国家も、地方自治体も、補完性原理によって上位の権力から権限を委譲される可能性があり、逆に上位の権力に権限を吸い上げられる可能性がある。

これは、まさに本書が「同心円状の世界」として描いてきた世界の構成原理にほかならないだろう。無境界的に広がるグローバル市場経済、それを管理し、飼いならすためには、個別の課題に応じてさまざまな権限は、時として国民国家を超えたレベルで、時として国民国家のレベルで、また時として国民国家より小さいレベルで処理される。補完性原理によって重層化された大小の政治権力は、それぞれに無境界的なグローバル市場経済を部分的に統御し、またグローバル市場経済の円滑な機能のために協働するのである。

帝国

ふりかえって見れば、ヨーロッパで国民国家が生まれ、複数の国民国家が並列する時代を迎えた一九世紀において、世界の大部分は国民国家を形成しておらず、ヨーロッパの国民国家はそれぞれ植民地を持つ「帝国」として世界を分割していた。一九世紀の世界市場において、市場経済が必要とする公共財の供給機能を、国民国家より上位のレベルで補完していたのはこうした帝国、とりわけヘゲモニー国家たるイギリス帝国であった。イギリス帝国史の研究者である秋田茂氏は、一九世紀のイギリスが提供した国際公共財として、ポンドを基軸とする国際金本位体制、鉄道・蒸気船・海底電信網による運輸通信網、グリニッジ時間を基準とする世界標準時などを挙げ、これらは、「誰もが利用可能で、経済面での相互依存体制、一九世紀におけるグローバル化を推し進める主要な手段として機能し」たと述べている。[148] 一方において、イギリス帝国が必要であれば軍事力を行使した領土併合をいとわない、暴力性をおびた政治体であったことは言うまでもない。

イギリス帝国のこうしたヘゲモニーのもとで、二〇世紀日本もまた植民地を獲得し、「帝国」への道を歩む。市町村―（郡）―府県―国民国家日本と、同心円状に編成されたそのうえに、もうひとつの新たなレベルの同心円が付け加わってゆく。

興味深いのは、こうした植民地と帝国日本との関係のなかで、「自治」という単語をどのように位置づけるかという理解のずれが生じることである。たとえば、第一次世界大戦後、一部の植民地政策学者は、植民地朝鮮の「自治」の必要性を訴えるようになる。そこでいう「自治」とは、植民地朝鮮というひとつの単位に、本国政府とその出先である朝鮮総督府が独占している権限の一部をゆだねること、具体的には朝鮮議会の設置の是非といった問題群を指す[149]。これに対して、首相原敬は、朝鮮統治の方針をしめした「朝鮮統治私見[150]」において、朝鮮と内地はまったく「同一なる制度」を施行して構わないのである、と主張する。「朝鮮に自治を許すの論」を唱える者に対して、原は、日本本国の「府県制・町村制」のような「自治」であれば支障はないが、朝鮮を単位に「自治」を与えるのは「独立」につながるものであり、危険である、と述べる。これは、単に「自治」のレベルを朝鮮全体のレベルで許すか、それとも朝鮮内部の地方制度の「自治」にとどめるか、という相違にとどまらない。朝鮮自治論者が想定しているのは、日本本国と朝鮮とが異なった質を持った社会であり、それゆえ、もし日本が朝鮮を支配しつづけるとするならば、そこに緩衝材としての「自治」を導入せざるをえない、という点にあった。これに対して、原は「同一の制度」の可能性を強調しているように、日本と朝鮮半島にまたがる、同質の切れ目のない、フラットな世界を見ている。そうであれば、そこに必要とされる「自治」とは、まさに日本本国がそのように編成されているのと同様に、便宜的に引かれた線に仕切られた同心円を積み重ねてゆけばそれで済むはずだ、というのが原の主張なのである。

そして、言うまでもなく、原の主張は、植民地朝鮮の住民にしてみれば、帝国日本という境界を持った権力によって抑圧されることを意味する。世界を無境界的なものとして扱うことが、境界的な暴力を生み出すことを、原の見解は鮮やかに示している。

両者はともにヨーロッパの植民地帝国の事例、とりわけイギリスが植民地インドにどの程度の「自治」を許しているか、という事例を念頭に置いている。原は、ヨーロッパ諸国の本国と植民地のように、地理的にも離れ、文化的にも異質な二つの領域の関係と異なり、日本と朝鮮とは「同一」の人種と似通った歴史を共有しているのである、と言う。もちろんこうした主張は植民地支配を正当化する言説である。一方でそれは、世界を切れ目のない、無境界的なものとしてあつかう態度と通底しているものでもある。植民地帝国の同心円性と、それによって生み出される暴力性は、ヨーロッパ諸帝国と異なり、隣接諸地域を、文字通り同心円状に植民地化していった帝国日本の場合、よりあらわなものとなるのである。

商品と市場

ＥＵであれイギリス帝国であれ、国民国家より大きな政治的単位の存在が示すのは、市場経済のグローバル化はたしかに部分的に国民国家の暴力を上位の政治体に譲渡するという事態を生じさせる可能性がある、ということであろう。しかし、そのことは何ら境界的な暴力が消滅することを意味するわけではないのだ。無境界的市場は、何にせよ境界的な政治権力による管理を必要とする。そして、国民国家を含む境界的な政治権力が、その下に暮らす人びとの生を左右するような権力を行使しつづけるのは、結局のところ、無境界的な市場なしでは、いまのところわたしたちは「やっていけない」という事実に帰着する。

市場は、本質的には境界を持たない。市場では商品が商品として交換されるが、そこで商品は使用価値を持つモノ（洋服であれば「着られる」という使用価値、食べ物であれば「食べられる」という使用価値）としてではなく、抽象的に「ほかのモノと同じ価値を持つモノ」として交換される。商品とはそのように、とても抽象的なものだ。マルクスの言葉を借りれば「商品体の感覚的に粗雑な対象性とは正反対に、商品の価値対象性には一分子も自然素材ははいっていない」のである。[151]だから、その商品は、原理的には、市場のどこへ持っていってもおなじ価値を持つモノとして交換される。

市場はしばしば人びとの暮らしを暴力的に支配する。一九世紀から二〇世紀の前半、世界経済はしばしば「恐慌」と呼ばれる激しい景気の落ち込みを経験し、多くの人びとの生活を破壊し、場合によっては死に追いやった。その暴力は、国民国家という境界を持つ権力がその境界のなかで発揮する暴力や、その境界の外に押し出していって（つまり戦争として）発揮する暴力とはことなっている。どこからやってきて、どこで止まるのか、その境界を見定めることはむずかしい、「無境界的暴力」である。

しかし、そうした無境界的な市場は、現在、わたしたちの生活を支える切実な意味を持つネットワークである。わたしたちは、そうした、境界を持たない市場に、切実に依存して、生きている。恐慌は過去のものではない。一九九七年のアジア通貨危機、二〇〇八年のリーマン・ショックは記憶に新しく、いずれ到来するかもしれぬ中国バブルの崩壊に、人びとはおびえる。

こうした境界を持たない市場と、境界を持つ国民国家はどのような関係にあるか。すでに見てきたように、国民国家とは、あるいはその下部のさまざまな単位は、人びとの暮らしが市場という無境界的なむすびつきにゆだねられているということを前提にしたうえで、その上に便宜的に線を引き、それぞれの持ち場として便宜的に管理するシステムなのである。同心円状の世界は、切れ目のない織物の上に引かれたいくつかの線によって形作られている。

世界の歴史を巨視的な視点からとらえ、「世界システム論」を唱えたイマニュエル・ウォーラーステインは、「世界システム」には「世界帝国」（ローマ帝国や中華帝国のようなもの）と「世界経済」の二種類が存在したが、「近代以前の『世界経済』はどれも構造的にきわめて不安定で、まもなく世界帝国に転化してしまうか、まったく分解してしまうか」のどちらかであったと指摘している。ところが、「近代世界システム」だけは、「世界経済」でありながら、「世界帝国」に転化することがなかった。ウォーラーステインは言う。「これこそ、資本主義という名の経済組織が有する政治面での特性にほかならない。『世界経済』がその内部に単一のではなく、多数の政治システムを含んでいたからこそ、資本主義は繁栄しえたのである」「資本主義とは、経済的損失を政治体が絶えず吸収しながら、経済的利得は『私人』に分配されるような仕組みを基礎としている[152]」。

この指摘は重要である。国民国家という「境界」と、市場経済という「無境界」は、じつは相互依存的なのである。国民国家とその下の単位は、市場経済という無境界のネットワークの管理をそれぞれ受け持つことによって、それ自体は切実な意味を持たない単位であるにもかかわらず、暴力的な力を人びとに対してふるうことが可能になる。

国民国家の暴力性を指弾したいのであれば、わたしたちが市場に依存しているという現実を、「商品」という抽象的なモノの運動に依存しているということを、まずは見なければならない。

もはや国境にとらわれている時代ではない、地球規模でものを考えなくてはならない、そうした提言は世界にあふれている。しかし、もし商品が口をきくことができるならば、そんなことは生まれたときから知っていた、と答えるだろう。グローバリゼーションを一方的に現代の現象として理解するのは表面的な見方である。問題は、グローバリゼーションと国民国家が、無境界的暴力と境界的暴力が、相互に依存しあいながらわたしたちの暮らしに大きな力をふるいつづけていることである。

今日の社会における無境界的暴力と境界的暴力の併存、ことばをかえれば「新自由主義」と「新保守主義」の併存は、市場の無境界性の上に境界的な政治権力が聳《そび》え立ち、後者が前者の管理者としてふるまうことに、根源的な理由を持つ。これが、本書冒頭の問いに対して、わたしたちが見出した答えである。

もちろん、そうした事態を拒否し、あらたな秩序の創出に向かうべきなのか、そうした事態を受け入れ、グローバル経済と国民国家の穏健な安定をめざすべきなのか、そうした「べき」論に答えることは、すくなくとも歴史家としての筆者の仕事ではない。ただ、そうした二つの暴力の関係を見極めることなく、いずれか一方のみに責を負わせるような思考や運動が、どこかで足をすくわれるのではないかということを筆者はひそかに危惧する。本書は、そうした危惧の念に由来する、ささやかな現実への応答である。

注

1 マルクス、エンゲルス『共産党宣言』（大内兵衛・向坂逸郎訳、岩波文庫、一九五一年）。

2 平野美恵子、土屋恵司、中川かおり「米国愛国者法（反テロ法）」（『外国の立法』二一四、二一五、二〇〇二年、二〇〇三年）。

3 明治期日本における「国民化」については、牧原憲夫『客分と国民のあいだ』（吉川弘文館、一九九八年）を代表として、厖大な研究蓄積がある。こうした研究潮流は「国民国家論」と呼ばれ、一九九〇年代の日本近代史研究において大きな関心を集めた。しかし、こうした「国民国家論」の問題性は、「国民国家」という単位そのものに関心が集中し、国民国家がその一部であるところの社会関係、本書の立場からいえば「近代社会」への問いが希薄化することである。筆者の試みは、いわばこの「国民国家論」を批判的に継承し、国民国家という存在を、歴史的・社会的なより広い文脈のなかに再定置することにある。

4 一例として、佐々木信夫『市町村合併』（ちくま新書、二〇〇二年）、四九頁。

5 自治省行政局編『町村合併促進新市町村建設促進関係資料（法令編）第一巻』（自治省行政局、一九六二年）、一五七頁。

6 「小中学統合を進める　合併町村に　文部省、来年度から」（『朝日新聞』一九五六年二月二二日）。

7 アーネスト・ゲルナー『民族とナショナリズム』（加藤節監訳、岩波書店、二〇〇〇年）。

8 佐々木信夫、注4前掲書。

9 http://www.rekihaku.ac.jp/database/

10 本書における「身分」の理解は、塚田孝の研究（『近世日本身分制の研究』、兵庫部落問題研究所、一九八七年、『身分制社会と市民社会』、柏書房、一九九二年、など）に多くを拠っている。

11 朝尾直弘『都市と近世社会を考える』（朝日新聞社、一九九五年）。

12 牧原成征『近世の土地制度と在地社会』（東京大学出版会、二〇〇四年）。

13 吉田伸之「役と町」（『近世巨大都市の社会構造』、東京大学出版会、一九九一年）。

14 注10前掲、塚田孝『近世日本身分制の研究』。なお牧原成征「かわた村と地域社会」（『東京大学日本史学研究室紀要別冊　近世社会史論叢』、二〇一三年）

も参照。

15 ルーク・ロバーツ「土佐と維新」(年報近代日本研究会編『年報近代日本研究一九　地域史の可能性』、山川出版社、一九九七年)。

16 以下、組合村についての記述は拙著『明治地方自治体制の起源』第一章(東京大学出版会、二〇〇九年)。

17 渡辺尚志『近世の豪農と村落共同体』(東京大学出版会、一九九四年)。

18 質地請戻し慣行については、白川部達夫『日本近世の村と百姓的世界』(校倉書房、一九九四年)、神谷智『近世における百姓の土地所有』(校倉書房、二〇〇〇年)などに詳しい。

19 注16前掲拙著、第二章。

20 大塚英二『日本近世農村金融史の研究』(校倉書房、一九九六年)。

21 大島美津子『明治国家と地域社会』(岩波書店、一九九四年)。

22 以下、「大区小区制」については、特に注記しないかぎり、注16前掲拙著、第一章に拠る。

23 茂木陽一「廃藩置県後の地方制度形成過程について」(『三重法経』第九一号、一九九一年)。

24 荒木田岳「『大区小区制』の成立過程と学校行政」(『歴史学研究』第七二〇号、一九九九年)。

25 大島美津子、注21前掲書。

26 奥田晴樹『地租改正と地方制度』(山川出版社、一九九三年)。

27 茂木陽一「大小区制下における町村の位置について」(『社会経済史学』第五二巻第四号、一九八六年)。

28 大石嘉一郎『近代日本の地方自治』(東京大学出版会、一九九〇年)、大島美津子、注21前掲書。

29 「番付」(国立国会図書館所蔵、特五六―三五)所収。三井文庫にも同史料が所蔵されており、この写真は歴史学研究会編『日本史史料四　近代』(岩波書店、一九九七年)一一七頁に掲載されている。

30 明治七年一二月二二日、暦法改正に関する左院宛建白書。『明治建白書集成』第四巻(筑摩書房、一九八八年)、三七二頁。

31 文化一〇年八月一九日、籾上納に関する道中奉行宛請書。「記録第一」(「吉田(市)家文書」、埼玉県立文書館所蔵、二二)。

32 井戸庄三「明治初期町村分合に関する二、三の問題」(『人文地理』一八―四、一九六六年)。

33 同上。
34 『群馬県史　資料編一七　近代現代一　御指令本書』（一九七七年）、『埼玉県史料叢書七（下）入間・熊谷県史料四』（二〇〇七年）。
35 『長野県史　近代史料編　第二巻（三）』（一九八四年）、五六頁。
36 長野県総務部地方課編『長野県市町村合併誌』（一九六五年）、一八三頁。
37 注35前掲書、一六〇頁。
38 「鈴木（庸）家文書」（埼玉県立文書館寄託）、六一八七。
39 「鈴木（庸）家文書」、五七八五。
40 深谷克己『百姓成立』（塙書房、一九九三年）。
41 「小川家文書」Ⅰ―二―二一。
42 同上史料。
43 注16前掲拙著、第二章。
44 「大熊（正）家文書」、九三一。
45 藤野敦「品川県社倉騒動の背景と影響」（『多摩のあゆみ』五八号、一九九〇年）、「明治初年、東京隣接直轄県政と惣代農民の経済的展開」（竹内誠編『近世都市江戸の構造』、三省堂、一九九七年、所収）、注16前掲拙著、第二章。
46 「公文録　明治十一年三月内務省伺四」（国立公文書館所蔵、二A―一〇―公二二六八）。
47 同上。
48 「御指令本書」（「群馬県庁文書」、九四、国文学研究資料館所蔵）。
49 「星野長太郎事蹟」（『群馬県史　資料編二三　近代現代七』、一九八五年）、三〇六頁。
50 丑木幸男『地方名望家の成長』（柏書房、二〇〇〇年）。
51 「公文録　明治九年二月内務省伺三」（二A―九―公一八三〇）。
52 「官省御指令本書」（「群馬県庁文書」一六二）。
53 注51前掲史料。
54 『群馬県史　資料編二三　近代現代七』（一九八五年）、三二六頁。
55 湯川文彦『明治初期における行政事務の形成』（東京大学大学院人文社会系研究科提出博士論文、二〇一二年）。
56 「鈴木（庸）家文書」、五六七八。
57 注16前掲拙著、第一章。
58 「鈴木（庸）家文書」、五六九六。
59 湯川、注55前掲論文。

60 「公文録　明治九年五月内務省伺一」（二A―九―公一八四七）。
61 「梧陰文庫」（國學院大學図書館所蔵）B一二八三、B一二八六、B一四三二。
62 茂木陽一「三新法成立過程に関する一考察」（『一橋研究』六―一、一九八一年）、奥村弘「三新法体制の歴史的位置」（『日本史研究』二九〇、一九八六年）、渡邉直子「『地方税』の創出」（高村直助編『道と川の近代』、山川出版社、一九九六年、所収）などの研究がある。筆者の見解は、注16前掲拙著、第四章、拙稿「地方三新法と区町村会法」（明治維新史学会編『講座明治維新七　明治維新と地域社会』、有志舎、二〇一三年、所収）。
63 「梧陰文庫」B一四一二。
64 「梧陰文庫」B一四一三～一四二二。
65 「梧陰文庫」A三九四。
66 坂井雄吉『井上毅と明治国家』（東京大学出版会、一九八三年）、一一七頁。
67 『元老院会議筆記　前期第五巻』（元老院会議筆記刊行会、一九六九年）、一八九頁。
68 府県会を舞台にした自由民権運動の研究は数多いが、古典的なものとして、内藤正中『自由民権運動の研究』（青木書店、一九六四年）が挙げられる。
69 居石正和「三新法体制期の府県会制度」（『同志社法学』三五―四、一九八三年）。
70 「岩倉具視意見書」（国立公文書館内閣文庫、二六五―二六八〈七〉）。
71 谷口裕信「郡をめぐる地方制度改革構想」（『史学雑誌』一一〇―六、二〇〇一年）。
72 「公文録」明治一二年二月内務省一（二A―一〇―公二四六七）。
73 『明治前期地方官会議史料集成　第二期　第四巻』（我部政男・広瀬順晧・西川誠編、柏書房、一九九七年）、一五頁。
74 このような三新法の画期性を「地方の誕生」と表現したのは、注62前掲、渡邉直子「『地方税』の創出」である。厳密に言えば、渡邉は、土木費官費下渡金の廃止（明治一四〈一八八一〉年度予算より実施）をもってこうした制度移行が全面化すると評価している。
75 杉原泰雄『国民主権の研究』（岩波書店、一九七一年）。
76 注73前掲史料、一四頁。
77 荒木田岳「『大区小区制』下の町村合併と郡区町村

78 編制法」（『史学雑誌』一〇八―八、一九九九年）。「単行書・説明録・第二局」（国立公文書館所蔵　二A―三三―九―単一二四）。
79 「管下達」（「埼玉県行政文書」明三二八）。
80 「町村戸数　役場位置　戸長姓名任免月日」（「埼玉県行政文書」明九二四）。
81 『第一回日本帝国統計年鑑』（統計院、一八八二年）。町村数は明治一二年一二月時点の調査、戸長人数は明治一三年度予算による。
82 比企郡下野本村旧戸長杉浦清助伺に対する、明治一二年五月二七日付、県庶務課から比企・横見郡役所宛指示（「明治一二年三月以降指令留」、「鈴木（庸）家文書」、埼玉県立文書館寄託、二六三六）。
83 「町村制」（「埼玉県行政文書」明九八）。
84 『千葉県史料　近代篇　明治初期六』（一九七六年）、一三頁。
85 『新修亀岡市史　資料編第三巻』（二〇〇〇年）、三四頁。
86 『三田市史　第五巻　近代資料一』（二〇〇五年）、一三五頁。
87 『山口県史　史料編　近代一』（二〇〇〇年）、三二八頁。
88 『宮崎県史　史料編　近・現代二』（一九九三年）、一二二五頁、一二三五頁。
89 『清水町史　資料編五』（二〇〇一年）、四九頁。『沼津市史　史料編　近代一』（一九九七年）、二五〇頁。
90 『秋田県史　資料　明治編上』（一九六〇年）、四六九頁。
91 注50前掲書。
92 注86前掲書。
93 我部政男編『明治十五年明治十六年地方巡察使復命書　上巻』（三一書房、一九八〇年）、五八二頁。
94 同上、一六五頁。
95 『埼玉県議会史　第一巻』（一九五六年）、五七一頁。
96 『元老院会議筆記　後期第二〇巻』（元老院会議筆記刊行会、一九七六年）、二八七頁。
97 吉野源三郎『君たちはどう生きるか』（岩波文庫、一九八二年）、八六～八八頁。
98 K・ポランニー『人間の経済I』（玉野井芳郎・栗本慎一郎訳、岩波書店、一九九八年）、八九頁。
99 注17前掲書。
100 「公文録　明治十二年十二月大蔵省一」（国立公文書館蔵、二A―一〇―公二五二二）。

101 大江志乃夫『明治国家の成立』（ミネルヴァ書房、一九五九年）。

102 「県税・財産・備荒儲蓄・雑款」（「埼玉県行政文書」、明三三一）。

103 以下、県会の議事は以下による。一四年＝「埼玉県通常会傍聴録」（埼玉県議会図書室所蔵）、一五年＝「埼玉県通常会傍聴録」（埼玉県議会図書室所蔵）、一六年＝「通常県会議事筆記」（「埼玉県行政文書」、明四七三）。

104 有泉貞夫『明治政治史の基礎過程』（吉川弘文館、一九八〇年）。

105 老川慶喜「埼玉県の道路建設と道路行政」（高村直助編『道と川の近代』、山川出版社、一九九六年、所収）。

106 「埼玉県通常会議事録」（埼玉県議会図書室所蔵）。

107 「諸願建議」（「埼玉県行政文書」、明一七一四）。

108 「埼玉県通常県会議事録」（「埼玉県行政文書」、明一〇六八）。

109 「中山寛六郎文書」六七（後藤・安田記念東京都市研究所所蔵）、七七。

110 東京市政調査会編『自治五十年史　制度篇』（良書普及会、一九四〇年）。

111 「モッセ氏自治論」（「梧陰文庫」C一三二、國學院大學図書館所蔵）。

112 『元老院会議筆記　後期第三三巻』（元老院会議筆記刊行会、一九八八年）、一九六頁。

113 「公文類聚」第一二編巻一　政体門一（国立公文書館所蔵、二A―一一―類三三六）。

114 「大森鍾一文書」、（後藤・安田記念東京都市研究所所蔵）、一五。

115 坂井雄吉「明治二十二年の町村合併とモッセ」（『大東法学』第一九号、一九九二年）。

116 国家学会編『明治憲政経済史論』（国家学会、一九一九年）、四二八頁。

117 「町村制関係叢書」（「鈴木（庸）家文書」、一三二五）。

118 注21前掲書。

119 『千葉県町村合併史　上巻』（一九五七年）。

120 「町村制関係書類」（「埼玉県行政文書」、明六一一）。

121 『静岡県史　資料編一七　近現代二』（一九九〇年）、二一四～二三六頁。

122 『埼玉県市町村合併史　上巻』（一九六〇年）。

123 井岡康時「市制町村制期の奈良県における町村合併についての一考察」（『奈良県立同和問題関係史料セ

ンター研究紀要』一八、二〇一三年)。
124 『新潟県史 資料編一五 近代三』(一九八二年)、三二六頁。
125 『愛知県史 資料編二五 近代二 政治・行政二』(二〇〇九年)、四九頁。
126 佐藤政憲「明治地方自治と『村』」(鹿野政直・由井正臣編『近代日本の統合と抵抗 二』、日本評論社、一九八二年)。
127 「上八ツ林外五ヶ村合併一新村造成之再諮問ヲ為セシ義ニ付意見上申」(「鈴木(庸)家文書」、八〇〇二)。
128 「内務省伺指令幷質議書類」(「新潟県公文書」H九二—総地—二一、新潟県立文書館所蔵)。
129 「市町村制各府県指令書類」(「新潟県公文書」H九二—総地—二二)。
130 内田満「埼玉県における町村合併反対運動」(『地方史研究』四三—三、一九九三年)。
131 「庶務部往復報告」(「八潮市行政文書」、五五九五、八潮市立資料館蔵)。
132 同上史料。
133 「牧野伸顕関係文書」書類の部八六(国立国会図書館憲政資料室所蔵)。
134 大石嘉一郎・西田美昭編『近代日本の行政村』(日本経済評論社、一九九一年)。
135 「町村制ニ関ル訓示・内申・諸表等綴込」(「金岡村役場文書」、沼津市明治史料館所蔵、A－1－25)。
136 「金岡村誌」(稿本、沼津市明治史料館所蔵)。
137 「諸規程条例廃止綴」(「金岡村役場文書」A－1－28)。
138 「明治二十六年地方税地租割徴収簿」(「金岡村役場文書」C－3－12)。
139 「町村制ニ関スル書類」(「金岡村役場文書」A－1－26)。
140 注137前掲史料。
141 注137前掲史料。
142 住友陽文「公民・名誉職理念と行政村の構造」(『歴史学研究』七一三、一九九八年)。
143 木畑洋一「世界史の構造と国民国家」(歴史学研究会編『国民国家を問う』、青木書店、一九九四年、所収)。
144 西川長夫「日本型国民国家の形成」(西川長夫・松宮秀治編『幕末・明治期の国民国家形成と文化変容』、新曜社、一九九五年)。
145 E. J. Hobsbawm, *Nations and Nationalism since*

1780, second edition, Cambridge, 1992, pp.28－33. 邦訳『ナショナリズムの歴史と現在』（浜林正夫・嶋田耕也・庄司信訳、大月書店、二〇〇一年、一部訳文を変更した）。

146 ベネディクト・アンダーソン『想像の共同体』（白石隆・白石さや訳、リブロポート、一九八七年）、一〇九頁。

147 遠藤乾『統合の終焉』（岩波書店、二〇一三年）。

148 秋田茂『イギリス帝国の歴史』（中公新書、二〇一二年）、一五九頁。

149 森山茂徳「日本の朝鮮支配と朝鮮民族主義」（北岡伸一・御厨貴編『戦争・復興・発展』、東京大学出版会、二〇〇〇年）。

150 「朝鮮統治私見」（「斎藤実関係文書」一〇四―一九、国立国会図書館憲政資料室所蔵）。

151 カール・マルクス『資本論　一』（岡崎次郎訳、大月書店、一九七二年）、九三頁。

152 I・ウォーラーステイン『近代世界システム　II』（川北稔訳、岩波書店、一九八一年）、二八〇～二八一頁。

あとがき

私は、歴史の研究者としては、比較的おおざっぱなことを考えるのが好きな部類に属すると自分では思っている。一方で、歴史学にとって「重要なテーマ」というものが、天下を論じ国を憂えるという類のもの（だけ）ではないという強い確信もある。「すべての社会現象においてきらめくものへの感覚を鋭くすること」（アドルノ「『社会科学の論理』序論」）をめざしながら、結局私はその二つの志向のあいだでおろおろと引き裂かれながら研究を続けてきた。本書はそうした私の二つの志向がこれまでで一番明らかにあらわれた仕事になったように思う。

本書の出発点は二〇〇九年に刊行した、私の最初の著書『明治地方自治体制の起源』（東京大学出版会）である。卒業論文以来一〇年間の研究をまとめたこの本は、しかしながら「難しくてよくわからない」という評価をしばしば頂戴した。言い訳をすれば難しいのは何も研究している私のせいだけではなく、多分に研究している対象が難しいので仕方がない面もあるのだが、大区だの小区だの戸長だのをめぐる煩瑣な事実関係と私の問題意識とがどのように結びついているのかが読み取りにくかった、というのが一因ではあろうと思っている。

この著書の刊行後、大阪歴史科学協議会が書評会を企画してくださり、その後リプライを執筆する機会を与えられた。そのなかで私は「今日われわれが生きている世界、無境界的な市場経済の暴力と、境界的な国家権力の暴力とが、相互に依存しながら猛威を振るうような世界の状態を、現実の諸側面として捉えうるような歴史学を構想」することが自らの課題であった、と書いた（「『明治地方自治体制の起源』への補遺と弁明」、『歴史科学』二〇三、二〇一一年）。むろんそんなことを最初から考えていたわけもなく、こうした機会に反省的にそういった問題意識の存在に気がついたのである。

ちょうどそのころ、当時勤務していた東京大学史料編纂所の本郷和人氏から、講談社の山﨑比呂志氏を御紹介いただく機会があり、町村合併を通じて「近代」を問い直す、という趣旨の本を書きたい、という希望をお伝えしたところ、幸いにも選書メチエの一冊として執筆の機会を与えられることになった。

本書は、こうして再発見された問題意識にもとづき、若干の新たな知見も交えつつ、前著の内容を再構成したものである。多少なりとも論旨が読み取りやすくなっているとは思うが、一方で前著に対して出された批判には十分にこたえていない。私の非力をお詫びするよりほかない。また、細部の事実に興味を持ってくださった読者には、ぜひ前著『明治地方自治体制の起源』も手に取っていただけたらと思う。

正直に頭の中にあることを並べてしまって恥ずかしいという思いも強い。この数年間で、歴史研究者がいわゆる「一般書」を書くことの意味はずいぶん変わったようにも感じられる。執筆をはじめてから三年のあいだに日本社会が経験した諸事件と、そうした意味の変化とは密接に関係していることは確かであろう。自分が「時代遅れ」になってしまったなあと思うこともあるのだが、本書を送り出す以上、その判断は読者に委ねるよりほかない。

前著に目を止め、専門外の読者に向けた著作の執筆を勧めてくださった本郷和人氏、途上で中途半端に投げ出した原稿に簡潔かつ的確なコメントをくださった山﨑比呂志氏に御礼を申し上げたい。山﨑氏の異動のあとを引き継いでくださった所澤淳氏には、本書を形にするために細部にわたって丁寧な御配慮をしていただいた。

また、各地の史料所蔵機関のみなさんに御礼を申し上げたい。おおざっぱな私の仕事は、いつも史料所蔵機関の方々の繊細なお仕事に依存している。

二〇一三年九月

松沢　裕作

（付記）本書は平成二五年度専修大学研究助成・個別研究「一九世紀日本における村落社会の変動」の研究成果の一部である。

［ナ］

［ハ］

［マ］

［ラ］

［ワ］

索引

［ア］

［カ］

［サ］

［タ］

町村《ちょうそん》合併《がっぺい》から生《う》まれた日本《にほん》近代《きんだい》

明治《めいじ》の経験《けいけん》

二〇一三年一一月一〇日　第一刷発行
二〇二一年一二月二四日　第六刷発行

著者　松沢裕作《まつざわゆうさく》

発行者　鈴木章一
発行所　株式会社　講談社
東京都文京区音羽二丁目一二―二一　〒一一二―八〇〇一
電話　（編集）〇三―三九四五―四九六三
（販売）〇三―五三九五―四四一五
（業務）〇三―五三九五―三六一五

装幀者　奥定泰之
本文データ制作　講談社デジタル製作
本文印刷　株式会社　新藤慶昌堂
カバー・表紙印刷　半七写真印刷工業　株式会社
製本所　大口製本印刷　株式会社

KODANSHA

定価はカバーに表示してあります。

ISBN978-4-06-258566-8　Printed in Japan　N.D.C.210.6　222p　19cm

講談社選書メチエ　刊行の辞

書物からまったく離れて生きるのはむずかしいことです。百年ばかり昔、アンドレ・ジッドは自分にむかって「すべての書物を捨てるべし」と命じながら、パリからアフリカへ旅立ちました。旅の荷は軽くなかったようです。ひそかに書物をたずさえていたからでした。ジッドのように意地を張らず、書物とともに世界を旅して、いらなくなったら捨てていけばいいのではないでしょうか。

現代は、星の数ほどにも本の書き手が見あたります。読み手と書き手がこれほど近づきあっている時代はありません。きのうの読者が、一夜あければ著者となって、あらたな読者にめぐりあう。その読者のなかから、またあらたな著者が生まれるのです。この循環の過程で読書の質も変わっていきます。人は書き手になることで熟練の読み手になるものです。

選書メチエはこのような時代にふさわしい書物の刊行をめざしています。

フランス語でメチエは、経験によって身につく技術のことをいいます。道具を駆使しておこなう仕事のことでもあります。また、生活と直接に結びついた専門的な技能を指すこともあります。

いま地球の環境はますます複雑な変化を見せ、予測困難な状況が刻々あらわれています。

そのなかで、読者それぞれの「メチエ」を活かす一助として、本選書が役立つことを願っています。

一九九四年二月　　野間佐和子